............의 책

진화

― 살아 있는 모든 것들의 수수께끼 ―

세상을 더 넓게, 더 깊이!
세상의 모든 지식을 내 친구처럼 가깝게 만나 보세요.

일러두기
- 과학 용어는 초등, 중등 교과서를 기준으로 하고 교과서에 나오지 않는 용어는 신뢰도와 상용도를 기준으로 표기하였습니다.
- 인명과 지명, 생물종의 이름은 국립국어원의 외래어 표기법을 따르되 관용적인 표기와 동떨어진 경우는 관례를 따랐습니다.
- 본문 ( ) 안의 * 표기 내용은 편집자 주입니다.

진화

— 살아 있는 모든 것들의 수수께끼 —

얀 파울 스휘턴 글 | 플로르 리더르 그림
이유림 옮김 | 이정모 감수

눈장

얀 파울 스휘턴 글

과학을 보다 쉽게, 독자의 눈높이에 맞춘 재기 발랄한 내용으로 어린이와 청소년의 인기가 높은 논픽션 작가입니다. 1970년에 네덜란드 플리싱언에서 태어나 위트레흐트 대학에서 방송학을 공부하고 카피라이터로 일했습니다. 과학, 자연, 역사 분야를 중점으로 글을 쓰며 40권이 넘는 논픽션 책을 냈습니다. 2008년에 《암스테르담의 아이들》, 2014년에 《진화–살아 있는 모든 것들의 수수께끼》로 네덜란드 최고의 아동도서상인 황금연필상을 두 번이나 받았습니다. 《진화–살아 있는 모든 것들의 수수께끼》와 《인간–너와 그 속에 사는 수많은 이들의 기적》은 다양한 외국어로 번역되어 세계 여러 나라에 소개되었습니다. 2015년부터 2017년까지 네덜란드 어린이책 홍보 대사로 활약했습니다.

플로르 리더르 그림

아이디어와 재능이 넘치는 그림 작가입니다. 1985년 네덜란드 즈볼러에서 태어나 미술을 전공했습니다. 프리랜서 삽화가로 신문, 잡지, 책에 그림을 그리며 손으로 그린 다음 디지털 기기로 마무리하는 방식을 주로 씁니다. "금세공인 할아버지, 가구 제작자인 아버지, 공예 교사인 어머니를 둔 창의적인 가족 출신"이라고 자신을 소개하며 건축, 식물, 오래된 지도, 자연이 영감의 원천이라고 합니다. 데생과 디자인에 훨씬 많은 신경을 써야 하는 어린이책에 애정이 각별합니다. 2014년에 《진화–살아 있는 모든 것들의 수수께끼》로 황금붓상을 받았습니다.

이유림 옮김

경희대학교와 같은 대학 대학원에서 철학을, 베를린에서 영화학을 공부하고 지금은 좋은 어린이책을 소개하는 전문 번역가로 활동합니다. 《바람 저편 행복한 섬》, 《잊을 수 없는 외투》, 《어느 독일인 이야기》 등 여러 책을 옮겼습니다.

이정모 감수

연세대학교와 같은 대학 대학원에서 생화학을 전공하고 독일 본 대학교에서 유기화학을 공부했습니다. 안양대학교 교양학부 교수, 서대문자연사박물관장, 서울시립과학관장을 지내고, 현재 국립과천과학관장으로 일합니다. 과학의 대중화를 실천하는 유쾌한 털보 과학관장으로 유명하며 다양한 저술과 강연 활동을 이어갑니다. 《저도 과학은 어렵습니다만》, 《과학이 가르쳐준 것들》, 《달력과 권력》, 《공생 멸종 진화》 등 여러 책을 썼습니다.

지식은 내 친구 020

진화 – 살아 있는 모든 것들의 수수께끼

초판 1쇄 2021년 8월 2일
얀 파울 스휘턴 글 | 플로르 리더르 그림 | 이유림 옮김 | 이정모 감수
디자인 반짝공 | **편집** 이나영, 최아라 | **교정** 이상희 | **펴낸이** 박강희 | **펴낸곳** 도서출판 논장
등록 제10-172호 · 1987년 12월 18일 | **주소** 10881 경기도 파주시 회동길 329
전화 031-955-9164 **전송** 031-955-9167 | **ISBN** 978-89-8414-390-6 73470

Het raadsel van alles wat leeft
en de stinksokken van Jos Grootjes uit Driel
ⓒ 2013 text Jan Paul Schutten
ⓒ 2013 illustrations Floor Rieder
Originally published under the title Het raadsel van alles wat leeft by Uitgeverij J.H. Gottmer/H.J.W Becht bv, Haarlem, The Netherlands; a division of Gottmer Uitgeversgroep BV
Korean translation copyright ⓒ Nonjnag Publishing Co, 2021
This Korean edition was published by arrangement with Uitgeverij J.H. Gottmer through Sibylle Books Literary Agency, Seoul.

이 책의 한국어판 저작권은 시빌에이전시를 통해 Gottmer출판사와 독점 계약한 논장에 있습니다.
저작권법에 의해 한국 내에서 보호를 받는 저작물이므로 무단 전재 및 복제를 금합니다.

· 책값은 뒤표지에 있습니다.
· 잘못 만들어진 책은 구입하신 서점에서 바꾸어 드립니다.

제품명 도서 | 제조자명 논장 | 제조국명 대한민국 | 사용연령 8세 이상 | 제조년월일 2021년 8월 2일 | 전화 031-955-9164 | 주소 10881 경기도 파주시 회동길 329
· KC마크는 이 제품이 공통안전기준에 적합하였음을 의미합니다. ⚠ 주의 종이에 베이거나 긁히지 않도록 조심하세요.

목차

추천의 말 10
    진짜로 시작하기 전에 잠깐만요 11

1부: 기적, 수수께끼, 불가사의 그리고 여러분 13
    왜 짚신벌레한테 갈채를 보내야 할까요? 14
        똑똑한 로봇도 못하는 일을 짚신벌레가 할 수 있다고요? 15
    단순한 세포라고요? 16
        우리는 얼마나 많은 세포로 이루어져 있을까요? 17
        건강을 유지하기 위해 우리 몸에서는 어떤 일이 일어날까요? 17
    자그마한 기적 18
        박테리아는 어떻게 생겼을까요? 19
        박테리아는 어떤 맛이 날까요? 19
        박테리아한테 갈채를? 19
    검은 괴물과 죽음 20
        죽는 것보다 더 나쁜 게 뭘까요? 21
        무엇이 자연보다 더 잘 작동할까요? 21
    그리고 또 다른 기적 22
        여러분은 어떻게 생겨났을까요? 22
        누가 자연을 이토록 완벽하게 만들었을까요? 23
        생명이 어떻게 생겨났는지 누가 증명할 수 있을까요? 23

2부: 지구는 몇 살일까? 25
    2를 머릿속에 두고, 6으로 나눈 다음에 3을 곱하면……
    그럼 신은 딱 6시에 일을 마쳤음에 틀림없어요 26
        기원전 4천 년일까요 아니면 40억 년일까요? 27
        조개껍데기가 왜 산꼭대기에서 발견될까요? 27
    돌이 얼마나 오래됐는지 어떻게 알 수 있을까요? 28
        그렇다면 지구는 얼마나 오래됐을까요? 29
        돌이 썩거나 상할 수 있을까요? 29
        지구 나이의 증거를 어떻게 찾아냈을까요? 29
    우주는 얼마나 오래 됐을까요? 30
        우주가 얼마나 오래됐는지 어떻게 계산할 수 있을까요? 31
        햇빛은 얼마나 빨리 지구에 닿을까요? 31

3부: 모든 것의 역사 33
    우주는 어떻게 생겨났을까요? 34
        원자와 분자가 늘 있었을까요? 35
        행성은 어떻게 만들어졌을까요? 35
        달은 어떻게 생겨났을까요? 35
    아주 오래전 지구에서의 하루는 어땠을까요? 36
        왜 생명은 바다에서 생겨났을까요? 37

땅 위에 생명이 생겨나기까지는 얼마나 걸렸을까요? … 37
인간은 얼마나 오랫동안 존재했을까요? … 37
이제 여러분은 모든 걸 다 알고 있을까요? … 37

4부: 모든 시대를 통틀어 가장 멋진 과학적 아이디어 … 39
진화론은 무엇일까요? 누가 그걸 생각해 냈을까요? … 40
차마 피를 볼 수 없었던 의사 … 41
이렇듯 다양한 종이 어디서 나왔을까요? … 41
70kg 나가는 개를 어떻게 만들까요? … 42
여러분과 집게벌레의 조상은 같을까요? … 43
어떤 동물이 살아남고 어떤 동물이 죽을까요? … 43
어떻게 한 가지 핀치에서 두 가지를 만들까요? … 44
지구의 모든 생물이 하나의 조상으로 거슬러 갈까요? … 45
다윈이 책을 펴내기까지 왜 20년이나 걸렸을까요? … 45
사람들은 다윈이 미쳤다고 생각했을까요? … 46
이제 모든 사람이 다윈을 믿었을까요? … 47
모든 종이 점점 더 나아지고 있을까요? … 47

5부: 진화의 요약 … 49
새로운 종은 어떻게 생겨날까요? … 50
왜 어떤 종은 다른 종보다 더 빨리 변할까요? … 51
뭐라고요? 꼭 가장 강하고 좋은 게 살아남는 건 아니라고요? … 52
나무는 과연 키가 크길 원할까요? … 53
왜 토끼는 눈이 나쁠까요? … 53
진화가 뭔가 실수했을까요? … 54
암컷들이 제정신일까요? … 55
새가 원래보다 더 크게 보이려면 어떻게 할까요? … 55
왜 암컷은 못된 예술가를 원할까요? … 56
왜 공작의 꽁지덮깃은 그토록 길까요? … 57
그런데 큰뿔사슴은 왜 멸종했을까요? … 57
왜 수백만 년 진화했는데도 완벽하지 않을까요? … 58
왜 여자들이 점점 더 아름다워지는 반면 남자들은 그렇지 않을까요? … 59
슈퍼 토끼는 어떻게 만들어질까요? … 59

6부: 가족을 위한 모든 것 … 61
유전자가 뭔데 지구를 지배할까요? … 62
다윈이 틀렸을까요? … 63
기꺼이 죽으려는 동물이 있다고요? … 63
왜 유전자가 이렇게 중요할까요? … 64
메시의 아들은 뛰어난 축구 선수가 될까요? … 65
유전자는 무엇을 할까요? … 65
왜 때로는 죽는 게 의미 있을까요? … 66
삶보다 더 중요한 게 있을까요? … 66

7부: 지구에 생명이 어떻게 생겨났을까요? … 69
프랑켄슈타인에는 어떤 비밀이 숨어 있을까요? … 70
생명이란 무엇일까요? … 71
지구의 첫 번째 생물은 어디에서 왔을까요? … 71
지구 위 첫 생명의 비밀은 무엇이었을까요? … 72

	어떻게 시험관에서 생명이 생겨날까요?	73
	DNA가 뭔데 왜 항상 범죄 영화에 나올까요?	73
얀 그로스 같은 사람을 어떻게 만들까요?		74
	암탉과 달걀 중 무엇이 더 먼저 있었을까요?	75
	암탉과 달걀의 문제가 해결됐을까요?	75
어떻게 스스로 '생명이 깨어나게' 할 수 있을까요?		76
	소금은 살아 있을까요?	77
첫 번째 생명체는 어떻게 생겼을까요?		78
	공룡보다 더 오래된 생물이 있다고요?	79
	지구가 과체중에 시달렸을까요?	79
	지구 위의 생명은 정말 여기서 생겨났을까요?	79

8부: 태고의 바다에서 살아남기 81

지구의 생명은 어디에서 생겨났을까요?		82
	생명 발생 후보지 1: 뜨거운 진흙탕	83
	생명 발생 후보지 2: 바다 밑바닥	84
	생명 발생 후보지 3: 깊은 땅속	85
냠냠, 태양이 맛있나요?		86
	두더지가 파헤친, 흙더미 같은 생명체	87
	가장 끔찍한 환경 파괴자는 누구였을까요?	87
어떻게 박테리아가 덩치 큰 고래가 됐을까요?		88
	해면동물을 고기 분쇄기에 넣고 돌린다면 어떤 일이 일어날까요?	89
석고로 침의 모형을 만들 수 있을까요?		90
	해파리 화석이 어떻게 생겨났을까요?	91
어떤 발전이 오늘날 생명체를 가능하게 했을까요?		92
	항문 없이 어떻게 살아남을까요?	93
	성행위 없이 어떻게 살아남았을까요?	93
섹스가 세계를 어떻게 바꿨을까요?		94
	남을 죽이지 않고 어떻게 살아남을까요?	94
5억 5000만 년 전 동물원은 어떻게 생겼을까요?		96
어떤 동물들이 가장 성공적이었을까요?		98
	누가 삼엽충을 멸종시켰을까요?	99
우리는 어떤 바다 동물에서 나왔을까요?		100
	우리는 뺀질이에게서 나왔을까요?	101

9부: 반은 물고기, 반은 사람 103

어떻게 물고기가 네발짐승이 됐을까요?		104
	폐가 있는 물고기는 얼마나 특별할까요?	105
	어떻게 아가미가 폐가 될까요?	105
	어떻게 물고기에게 다리가 생길까요?	105
이제 진심으로 사과해야겠어요		106
	왜 우리는 칠판에 화석으로 글씨를 쓸까요?	107
	땅을 충분히 깊게 파기만 한다면 저절로 화석을 발견할까요?	107
왜 아프리카에 있는 돌과 똑같은 돌이 아메리카에도 있을까요?		108
	옛날에는 극지방에서도 야자가 자랐을까요?	109
	네덜란드의 매머드가 영국으로 헤엄쳐 갔을까요?	109
	그럼 암석은 대체 얼마나 오래됐을까요?	109

가장 멋진 화석을 어디서 발견할까요? ... 110
    양서어류를 어떻게 찾을까요? ... 110
    화석을 찾으려면 무엇이 필요할까요? ... 110
    그래서요? 화석을 찾았어요? ... 111
얀 그로스가 상어랑 비슷해 보일까요? ... 112
    얀 그로스한테는 틱타알릭의 팔이 있을까요? ... 113
    왜 말발굽이 인간의 손이랑 비슷할까요? ... 113
    우리는 상어 아가미로 듣는 거예요? ... 113
왜 언젠가 여러분은 고등어처럼 보였을까요? ... 114
    왜 '아기들'은 모두 똑같이 생겼을까요? ... 115
    귀가 뻥 뚫리는 이유는 뭘까요? ... 115
    애니메이션 트위티 캐릭터는 머리가 왜 그렇게 클까요? ... 115
세포는 어떻게 자기가 이, 코, 발가락이 되어야 한다는 사실을 알까요? ... 116
    DNA를 무엇이랑 비교하면 가장 좋을까요? ... 116
    우리 몸속에 있는 세포는 서로 이야기할 수 있을까요? ... 117
    특별한 날개가 있는 파리를 어떻게 만들까요? ... 117
바이러스는 과거에 대해 어떤 비밀을 누설할까요? ... 118
    3m 거리에서 마구 재채기를 한다면 어떤 일이 일어날까요? ... 119
    원숭이한테도 우리랑 똑같은 독감이 있을까요? ... 119
왜 소는 말보다 고래와 더 닮았을까요? ... 120
    나비가 어떻게 새처럼 보일 수 있을까요? ... 121
    사마귀가 바이올린을 켤 수 있을까요? ... 121
'내 안의 물고기'는 어떻게 되었을까요? ... 122
    벌새는 티라노사우루스 렉스의 증손녀일까요? ... 123
    하지만 포유류는 알을 낳지 않잖아요? ... 123
무엇이 공룡을 멸종시켰을까요? ... 124
    왜 인간은 알에서 부화하지 않을까요? ... 124
    운석은 얼마나 치명적일까요? ... 125
    쥐에서 인간으로? ... 125

10부: 진화는 완전히 증명되었을까? ... 127
    진화! 말이 될까요, 안 될까요? ... 128
        과학자들은 모두 진화론을 확신할까요? ... 129
    "진화론은 이론일 뿐 증명되지 않았다." ... 130
        어떤 동물이 지구에서 가장 오랫동안 살아남을까요? ... 131
        왜 어떤 사람들은 틱타알릭이 증거가 될 수 없다고 주장할까요? ... 131
        늑대인간과 타조인간이 있을까요? ... 132
        여러분은 칭기즈칸에서 나왔을까요? ... 132
        어떻게 스스로 진화를 볼 수 있을까요? ... 133
        고작 36년 안에 변하는 도마뱀이 있을까요? ... 134
        어떤 실험이 20년 걸렸을까요? ... 134
        이런 실험을 할 만한 가치가 있었을까요? ... 135
        박테리아는 진화 이론에 대해 무엇을 말할까요? ... 135
    '자연은 어찌나 아름다운지, 신이 생각해 냈을 수밖에 없다!' ... 136
        양은 누구를 위해 느리고 고통스럽게 죽을까요? ... 137
        자연 만세라고요? ... 137

- 왜 상어는 딸꾹질을 안 하는데 우리는 할까요? ... 137
- 왜 우리가 물고기의 신경을 물려받았을까요? ... 138
- 왜 소름이 돋을까요? ... 138

그럼 폭탄먼지벌레나 눈은 어떻게 된 걸까요? ... 140
- 자체 방공 시스템을 갖춘 딱정벌레가 있을까요? ... 140
- 폭탄먼지벌레의 비밀은 무엇일까요? ... 141
- 왜 폭탄먼지벌레가 진화의 증거일까요? ... 141
- 왜 낙원에서 무기가 필요할까요? ... 141

여러분 눈에 무엇이 빠져 있을까요? ... 142
- 왜 우리 눈이 이토록 잘 작동할까요? ... 142
- 눈이 어디에서 왔을까요? ... 142
- 눈을 어떻게 설계하겠어요? ... 143
- 어쩌면 잘 안 보여도 괜찮을까요? ... 143

11부: 쥐에서 인간으로

우리 선조는 어떻게 생겼을까요? ... 146
- 여러분은 어떤 동물과 가장 닮았을까요? ... 147
- 왜 우리는 조상에 대해서 이토록 아는 게 없을까요? ... 147

우리가 루시한테서 나왔을까요? ... 148
- 어떻게 두개골에서 직립 보행을 했다는 사실을 알 수 있을까요? ... 149
- 왜 직립 보행이 이토록 중요할까요? ... 149
- 왜 오늘날 우리는 루시보다 똑똑할까요? ... 149

유인원이 우리만큼 똑똑해질 수 있을까요? ... 150
- 사람들은 어떤 화석을 찾아냈을까요? ... 151
- 화석이 많은데 우리는 왜 여전히 조금밖에 알지 못할까요? ... 151

과학자들이 이브를 발견했을까요? ... 152
- 여러분한테는 네안데르탈인의 피가 흐를까요? ... 152
- 이브가 있었을까요? ... 153
- 우리 손자, 증손자, 고손자……후손들은 어떻게 생겼을까요? ... 153

외계 생명체가 있을까요? 그렇다면 어떻게 생겼을까요? ... 154
- 우주에서 온 존재는 왜 육식성일까요? ... 155
- 외계 생명체는 1만 살까지 나이를 먹을까요? ... 155

마지막으로 이것만…… ... 156
- 누가 신을 믿는지 뇌에서 알아볼 수 있을까요? ... 157
- 과학자들이 자신이 알아낸 걸 숨길까요? ... 157

감수의 말 ... 158

찾아보기 ... 160

추천의 말

생명이 생겨났습니다. 느닷없이 그냥 그렇게

약 46억 년 전 믿을 수 없을 만큼 뜨거운 행성 하나가 쉭쉭 소리를 내며 태양 주위를 돌았습니다. 행성은 부글부글 끓었습니다. 곧 굉장한 일이 일어났습니다. 쉭쉭 요란스레 끓어오르는 가운데 생명이 생겨난 겁니다. 느닷없이 그냥 그렇게. 어떻게 그런 일이 일어났는지 정확히 아는 사람은 없습니다. 하지만 우리는 그 결과를 잘 알고 있습니다. 맨눈에 보이지 않을 만큼 작은 조각들이 보라색, 노란색, 하얀색 점액 얼룩을 이루어 그 행성을 뒤덮었습니다. 이 살아 있는 점액은 미지근한 웅덩이, 화산에서 흘러나온 용암이 굳은 작은 구덩이, 바닷가 어디에나 고였습니다. 분명 냄새가 무척이나 고약했을 겁니다. 방귀랑 고린내 나는 양말을 섞고, 황과 썩은 달걀을 섞은 악취가……. 이 점액에서 천천히 다른 생명이 생겨났습니다. 벌레, 달팽이, 해면류와 해조류. 그다음부터 우리가 지구라고 부르는 그 행성에는 온갖 것들이 기어오르고 또 돌아다니고 있습니다.

첫 생명이 박테리아의 형태로 지구에 생겨난 지 46억 년이 지난 이곳에는 인간이 살고 있습니다. 인간은 아주 특별한 동물입니다. 골치 아픈 질문에 대해서 곰곰이 생각할 수 있는 유일한 동물이지요. 오늘은 어떤 양말을 신을까? 내일 날씨는 어떨까? 물은 왜 축축하지? 생명은 어디에서 왔을까? 이 모든 동물과 식물이 어떻게 생겨났을까? 그리고 인간은 대체 어디에서 왔을까? 이런 질문을 던지는 사람은 대부분 어린이로 (어른은 그냥 이렇게 생각하죠. '그래, 어쩌다 보니 이렇게 됐겠지.') 어린이는 호기심이 많고 모든 것을 궁금해합니다. 하지만 다행스럽게도 호기심이 많은 어른도 있습니다. 그들은 과학자가 되어서, 세상이 왜 이렇게 되었는지 알아내려고 합니다. 물리학자는 왜 물이 축축한지 설명해 줄 수 있고 생물학자는 벌레는 살아 있는데 왜 돌은 그렇지 않은지 또는 왜 방귀에서 고약한 냄새가 나는지 이야기해 줄 수 있습니다. 고생물학자는 티라노사우루스의 뒷다리가 얼마나 컸는지 딱 맞힐 수 있습니다. 그 덕분에 우리는 세상이 어떤지 점점 더 잘 이해하게 됩니다. 이제 우리는 우주의 나이가 몇 살인지, 지구의 나이가 몇 살쯤인지 꽤 정확하게 알고 있습니다. 또 수백만 년이 흐르는 동안 동물과 식물이 어떻게 발전했는지, 왜 말이 아니라 소가 고래의 친척인지 밝혀냈습니다.

하지만 이 모든 걸 어떻게 설명하면 좋을까요? 과학자들은 온갖 까다로운 질문에 답을 내는 건 잘하지만 그걸 설명하는 것은 또 다른 일입니다. 그래서 작가가 필요한 거죠. 얀 파울 스휘턴 선생님은 그런 분입니다. 복잡한 일을 아주 잘 설명하죠. 여러분이 여러 번 읽어야 겨우 이해할 수 있는 많은 일들을 쉽게 설명해 줍니다. 사실 더 중요한 건 우리가 미처 알지 못하는 일들이 있다는 이야기도 해 준다는 겁니다. 첫 생명이 어떻게 생겨났는지 우리는 아직 알지 못합니다. 그냥 저절로 짠 하고 나타났을까? 우주에서 휙 날아왔을까? 신이 만들었을까? 어떤 과학적인 질문에 대해서는 여전히 속 시원한 답이 없습니다. 바로 그래서 과학이 재밌는 겁니다. 우리는 호기심을 간직하고 여러 가지 질문을 던질 수 있지요. 우주의 끝, 그 너머에는 무엇이 있을까? 태양은 얼마나 더 버틸 수 있을까? 새들이 공룡의 후손이라면 공룡이 멸종됐다고 할 수 있을까? 지금의 인간은 맨 처음 어디에서 생겨났을까?

그래서 저는 이 책이 아주 마음에 듭니다. 여러분한테도 그럴까요?

옐러 뢰머르(로테르담 자연사 박물관 관장)

진짜로 시작하기 전에 잠깐만요

때로 이 책에서는 어마어마하게 큰 숫자 이야기가 나와요. 어찌나 큰지, 전혀 감을 잡을 수가 없지요. 예를 들어 이 책에 나오는 등장인물 가운데 하나인 어류 틱타알릭(111쪽을 찾아보세요.)은 약 3억 7000만 년 전에 살았어요. 여러분한테는 수천억 개의 뇌세포가 있어요. 몸속에는 수조 개나 되는 박테리아가 살고요. 도대체 이런 숫자는 실제로 얼마나 오래 되고 얼마나 많은 걸까요? 100만, 10억, 1조가 무슨 뜻인지 여러분이 조금이나마 짐작할 수 있도록, 숫자들을 시간으로 바꾸어 표로 만들어 봤어요.

숫자	초	시간	거리로 따진다면?
천	1,000	16분 40초	1.4킬로미터 (축구장 네 바퀴쯤)
만	10,000	2시간 46분 40초	14킬로미터 (대한민국 제주국제공항에서 한라산 입구까지의 거리쯤)
십만	100,000	1일 3시간 47분	139킬로미터 (대한민국 서울에서 대전까지의 거리)
백만	1,000,000	11일 13시간 47분	1,389킬로미터 (네덜란드 암스테르담에서 피렌체까지의 거리)
십억	1,000,000,000	31년 8개월 8일	1,388,889킬로미터 (지구와 달 사이 거리의 4배)
일조	1,000,000,000,000	31,710년	1,388,888,889킬로미터 (태양과 토성 사이 거리)
천조	1,000,000,000,000,000	31,710,000년	1,388,888,888,889킬로미터 (태양과 가장 가까운 켄타우루스자리 프록시마 별까지 가는 거리의 30분의 1)
백경	1,000,000,000,000,000,000	…어마어마하게 길어요…	숫자 0이 18개나 되는 엄청난 무엇 (대략 태양에서 큰곰자리의 가장 밝은 별까지 가는 거리)

— 1부 —

기적, 수수께끼, 불기사의 그리고 여러분

- 1부 -

왜 짚신벌레한테 갈채를 보내야 할까요?

잠깐 먼저 짚신벌레한테 갈채를 보냅시다! 누구라고요? 짚신벌레요. 이 문장의 마침표 하나보다 작은 동물 말이에요. 도대체 왜 갈채를 보내야 하죠? 짚신벌레가 뭐 그리 특별하다고요? 아니, 이 작은 생명체는 갈채를 받을 만합니다. 살아 있으니까요. 그건 여러분이 생각하는 것보다 훨씬 더 대단한 일이랍니다. 왜인지 이제 이야기할게요.

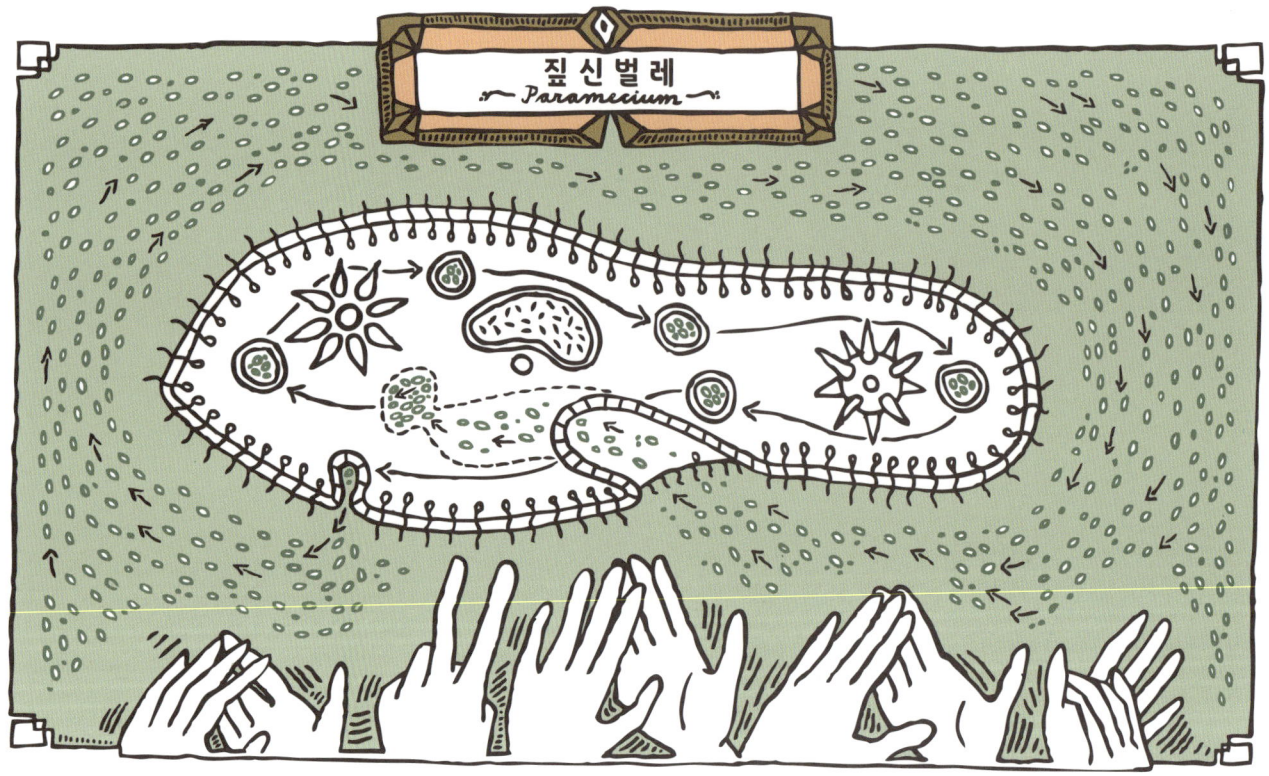

2011년에 덴마크 한 대학에서 커뮤니케이션에 대해 가르치는 헨릭 샤르페 교수님은 자신의 모습을 그대로 본뜬 로봇을 하나 만들었어요. 둘이 함께 있으면 누가 사람이고 누가 로봇인지 헷갈릴 정도죠. 그 로봇은 그리 많은 일을 하지는 못해요. 약간 움직일 수는 있지만 말조차 하지 못해요. 아직은 그래요. 하지만 머지않아 생김새가 인간이랑 거의 똑같고 여러분이 던진 질문에 현명한 대답을 해 주며 같이 축구도 할 수 있는 로봇이 나올 거예요. 안 그럼 내가 앉은 자리에서 토끼 사료 한 자루를 몽땅 먹어 치울게요. 나는 우리가 30년 안에 그런 로봇을 만들 만큼 똑똑하다고 믿어요. 그런데 만약 짚신벌레를 만들어 낸다고 하면? 만들 수 있을까요? 아니, 그건 백 배, 천 배 더 어려운 일이랍니다.

작은 짚신벌레 역시 할 수 있는 일은 그리 많지 않아요. 짧은 섬모로 헤엄을 칠 수 있겠죠. 더러운 도랑에서 뿌연 물을 마시면서 그 속에 든 박테리아를 먹을 수도 있고 마신 물을 다시 배설할 수도 있어요. 일종의 땀 같은 걸 흘려서 말이죠. 또 다른 짚신벌레랑 그거, 섹스를 할 수도 있어요. 그리고 몸을 둘로 나누어 갑자기 두 마리 짚신벌레가 딱 생기게끔 할 수도 있어요. 그밖에는, 음…… 짚신벌레가 할 수 있는 일은 거의 없군요.

똑똑한 로봇도 못하는 일을 짚신벌레가 할 수 있다고요?

따지고 보니 짚신벌레는 샤르페 교수님이 만든 로봇보다 할 수 있는 일이 더 적어요. 그렇지만…… 딱 한 가지, 어떤 기계도 못하는 일을 할 수 있어요. 죽는 거요. 물론 로봇도 고장이 날 수 있지만 그건 좀 달라요. 뭔가 고장이 나면 대개는 고칠 수 있으니까요. 하지만 이미 죽은 걸 다시 살려 낼 수는 없죠. 비록 그동안 셀 수 없이 많은 생물이 흔하디 흔하게 지구에 살았다고 해도 생명이란 뭔가 대단히 특별한 거랍니다.

짚신벌레는 생물이지만 로봇은 그렇지 않다는 게 이 둘의 가장 큰 차이점이에요. 공통점은 둘 다 생명이 없는 물질에서 나왔다는 거예요. 우리 눈에 보이는 모든 것은, 또 보이지 않는 모든 것도 다 원자와 분자로 이루어져 있어요. 우주의 모든 것이 그래요. 짚신벌레부터 나무, 별 그리고 행성, 토끼 사료 자루, 조 아저씨, 오이, 얀 그로스의 고린내 나는 양말, 구름, 생크림 케이크와 로봇, 음 심지어 레이디 가가도 원자로 이루어져 있다니까요. 그런데 원자는 모두 생명이 없어요. 벽돌이나 진흙 덩어리나 레고 조각처럼요. 그럼 생명이 없는 원자에서 어떻게 생명이 생겨날 수 있었을까요? 도대체 지구에 생명이 어떻게 생겨난 거죠? 짚신벌레는 어디서 왔을까요? 사람은 어디서 온 걸까요? 우주에는 또 다른 생명체가 있을까요? 여러분은 이 책에서 이 모든 궁금증에 대한 실마리를 얻을 수 있을 거예요.

단순한 세포라고요?

짚신벌레는 아주 단순한 존재랍니다. 세포 딱 하나로 이루어졌으니까요. 사실 살아 있는 것은 모두 세포로 이루어졌어요. 마치 우리 주변에 있는 모든 것이 원자로 만들어졌듯이요. 세포도 원자로 만들어졌어요. 그런데 신기하게도 원자는 생명이 없는 반면 세포 속에는 생명이 부글부글 끓어올라요. 그건 조금만 더 꼼꼼하게 관찰한다면 금방 알 수 있어요. 현미경으로 세포를 들여다보면 별의별 게 다 옹기종기 모여서 빙글빙글 돌고 있지요. 만약 여러분의 몸이 아주 작아져서 세포 속에 들어가기라도 한다면, 당장 도로 뛰쳐나오고 싶을 거예요. 그야말로 수많은 차가 오가는 고속도로, 급류 타기 좋은 여울목, 몰아치는 태풍, 용오름, 눈싸움의 딱 한가운데에 서 있는 기분일 테니까요.

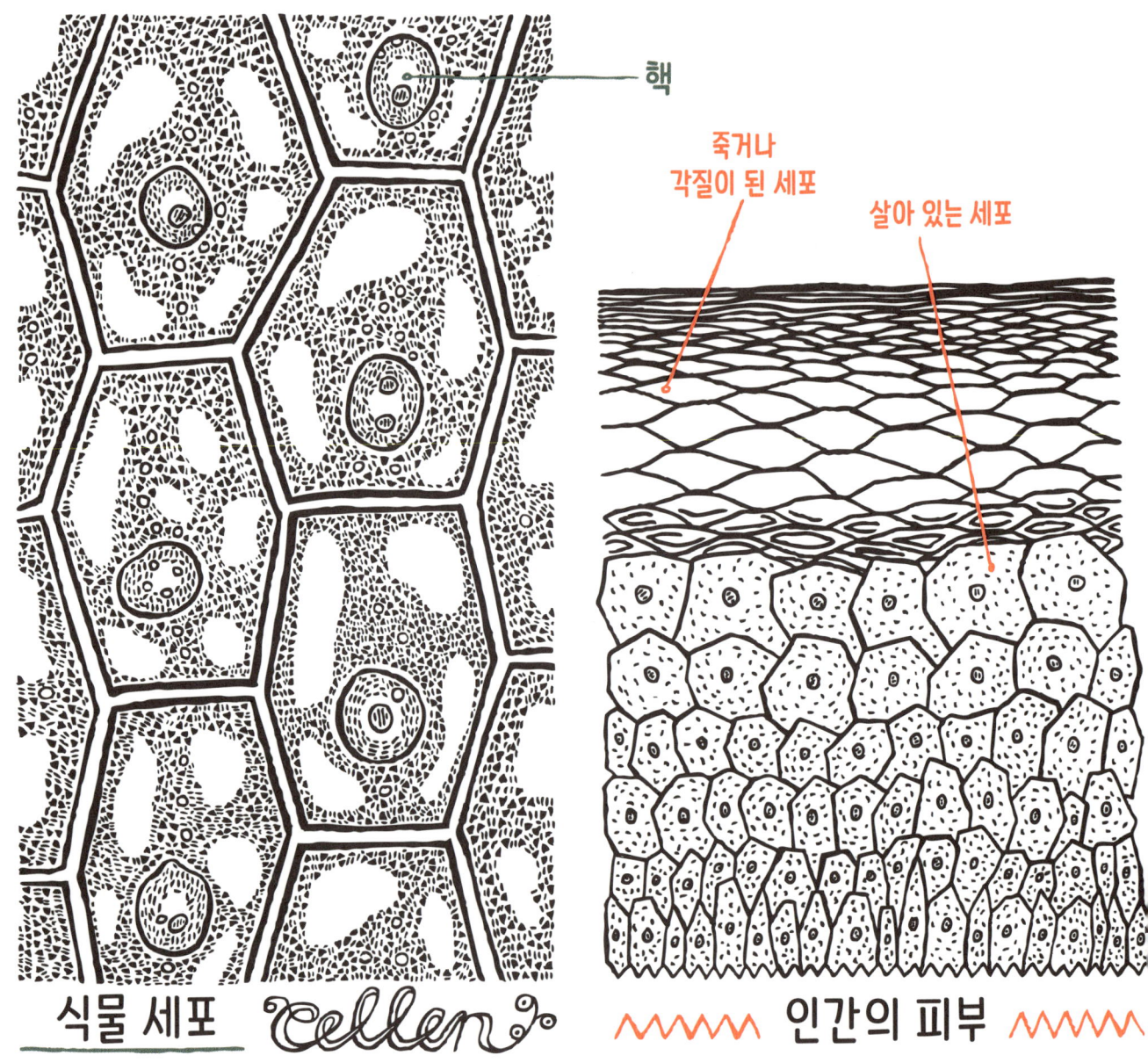

우리는 얼마나 많은 세포로 이루어져 있을까요?

세포 하나에는 샤르페 교수님이 만든 로봇 스무 대를 합한 것보다 훨씬 더 많은 부품이 들어 있어요. 그런데도 세포는 너무 작아서 우리 맨눈에는 보이지 않아요. 그러니 우리 눈에 잘 보이는 생물은 얼마나 많은 세포로 이루어졌겠어요. 얼마나 많을까요? 여러분을 예로 들어 볼게요. 여러분은, 어, 잠깐 계산해 보면…… 둘, 셋, 넷, 다섯, 여덟, 아홉, 아니…… 그래……1경 개의 세포로 이루어져 있어요. 1경! 느낌이 오나요? 1조의 10000배랍니다. 여러분한테는 그 모든 세포가 반드시 필요해요.

예를 들어 이 문장 한 줄을 읽는 동안에도 우리 몸에서는 적혈구 천만 개가 더 생겨나요. 적혈구는 산소를 몸의 구석구석까지 날라 주는 배달 트럭과도 같아요. 이 산소가 배달되지 않으면 몸의 세포들은 모두 죽어 버리지요. 장 세포도 수백조 개나 있어요. 그걸 다 펼치면 테니스장의 표면을 뒤덮을 정도예요. 장 세포는 우리가 먹은 음식에서 양분을 흡수해서 피한테 넘겨줘요. 음식에서 양분을 얻지 못한다면 우리는 살 수가 없어요. 심장을 이루는 세포는 어떨까요? 심장은 절대 지치지 않는 근육으로 돼 있어요. 결코 멈추지 않고 날이 가고 달이 가고 해가 가도록 계속 뛰어요. 혈관에 피를 퍼 주기 위해서죠. 그것도 죽 이으면 지구를 두 바퀴나 돌고도 남을 만큼 긴 혈관에요.

세포는 살아 있어요. 그러니까 죽을 수도 있죠. 다행히 우리한테는 죽은 세포를 치워 버리는 세포도 있답니다. 한동안 방을 치우지 않다가 청소하면 이런 죽은 세포를 볼 수 있어요. 우리 집에 쌓이는 먼지는 대부분 죽은 피부 세포로 이루어져 있거든요. 우리 몸에서는 피부 세포가 1분마다 약 3만 개씩 떨어져 나와요. 1년이면 4kg이랍니다. 피부 세포는 몇 주면 전부 새것으로 싹 바뀌죠.

건강을 유지하기 위해 우리 몸에서는 어떤 일이 일어날까요?

우리 몸속에서는 아주 많은 일이 일어나요. 앞에서 든 예는 몇 가지 안 되지만 실제로는 수백만 가지 일이 일어나요. 그것도 시계 초침이 한번 똑딱 하는 동안에! 몸속에서 일어나는 이런 과정을 조절하는 건 뇌예요. 뇌는 1000억 개쯤 되는 세포로 이루어졌는데 이는 은하계에 있는 별들만큼이나 많은 수예요. 뇌세포는 우리 머리를 슈퍼컴퓨터처럼 만들어서 우리가 세상의 모든 컴퓨터가 힘을 합쳐도 하지 못할 일들을 할 수 있게 해 줘요. 마치 비행장의 관제탑처럼 세포들이 자기가 해야 할 일을 제대로 하게끔 조정해 주는 거예요. 뇌세포는 우리한테 있는 가장 중요하면서도 복잡한 세포랍니다.

벌써 골치가 지끈지끈 아프다고요? 그럴 만도 해요! 그러니까 여기 나온 숫자들을 외울 필요는 없어요. 굳이 이해할 필요도 없다니까요. 우리가 얼마나 복잡하게 만들어졌는지 분명히 알아 두라고 몇몇 숫자 얘기를 했을 뿐이에요. 세포는 그 자체만으로도 특별하지만 우리 몸속에 함께 있을 때 비로소 그 진정한 가치가 드러난답니다. 바로 생각하고 움직이고 말하고 읽고 웃는 기적, 우리 각자를 만들어 주니까요.

그거 알아요? 아까 짚신벌레에게 환호를 보냈다면 이제는 여러분 자신에게 갈채를 보내도 된다는 걸요.
자, 눈치 보지 말고 어서 박수를!

- 1부 -

자그마한 기적

여러분은 기적이고 짚신벌레도 기적이고 얀 그로스라는 어떤 남자의 양말도 기적이랍니다. 아니, 양말이 기적이란 뜻이 아니라 양말 속 박테리아들이 기적이란 말이에요. 살아 있는 모든 것은 기적이거든요. 잘 생각해 봐요. 여러분은 생명이 없는 걸 살아 있게 만들 수 있어요? 예를 들어 레고 블록으로 살아 있는 식물을 만들 수 있을까요? 당연히 그렇게 못하죠.

원자는 레고 블록처럼 생명이 없는 거예요. 우리가 사는 행성에는 이렇게 생명 없는 원자로 이루어진 생명이 수십억 년 동안 득실거리고 있어요. 이게 기적이 아닐까요? 더 놀라운 일도 있어요. 아마 여러분은 이 책을 나 혼자 썼다고 생각하겠지만 그건 절반만 맞는 말이에요. 내 몸에는 1.5kg이나 되는 박테리아들이 버티고 있거든요. 그들이 없었다면 이 책은 세상에 나올 수 없었어요. 그 조그만 생물들이 없었다면 나는 진즉에 죽어 버렸을 테니까요. 박테리아는 장이 음식을 분해하고 에너지로 바꾸는 일을 도와줘요. 그다음에 남는 것은 몸에서 빠져나가죠. 그러니까 박테리아는 아주 쓸모 있는 존재예요. 여러분한테도 박테리아가 아주 많이 있어요. 얼굴의 코끝에만 천만 개나 있죠. 엄지발가락 끝에도 다른 피부 위도 마찬가지예요. 물론 박테리아의 대부분은 몸속에 있지만요.

박테리아는 여러분이 세상에 태어났을 때부터 이미 거기 있었어요. 엄마 배 속에 있을 땐 박테리아가 없었지만 세상에 태어나 젖을 먹을 때 몸속에 들어왔지요. 이후 여러분이 아플 때를 빼고는 언제나 딱 적당한 분량이 몸속에 자리잡고 있어요. 그러니까 여러분은 결코 혼자가 아니랍니다.

박테리아는 어떻게 생겼을까요?

짚신벌레도 작지만 박테리아는 그보다 훨씬 더 작아요. 박테리아가 짚신벌레의 식단표에 괜히 들어 있는 게 아니라니까요. 박테리아는 모양이 여러 가지예요. 동그란 것도 있고 꼬불꼬불 나선 모양도 있고 막대기나 쉼표, 포도송이 모양도 있어요. 꼬리가 달린 것도 있고 꼬리가 없는 것도 있어요. 이 꼬리를 편모라고 하는데 박테리아는 편모를 1분에 10만 번쯤 돌릴 수 있다고 하네요. 편모는 박테리아가 움직이기 위해 이용하는 일종의 모터라고 할 수 있는데 인간이 만든 어떤 모터보다 훨씬 더 구조가 복잡하답니다. 짚신벌레처럼 자그마한 생물조차 그 어떤 천재적인 발명가가 만들어 낸 것보다 훨씬 훌륭하게 만들어졌다고 할 수 있죠.

박테리아는 어떤 맛이 날까요?

박테리아는 어디에나 있어요. 우리 행성에 생명이 처음 생겨난 이래 죽 그래 왔어요. 박테리아는 가장 성공적인 생물이에요. 단지 우리가 보지 못할 뿐, 눈길을 어디로 돌리든 그곳엔 박테리아가 떡하니 자리잡고 있어요. 수십억 마리가 함께 모여 있을 때나 겨우 눈에 띌까 말까지만요. 그렇지만 박테리아를 맛보기는 그리 어렵지 않아요. 오래된 김치, 요구르트, 상한 우유에 많이 들어 있거든요. 그래서 그런 음식들에서 신맛이 나는 거예요. 박테리아가 여기저기 어찌나 많은지 마주치지 않기가 오히려 더 어렵지요. 좋은 박테리아는 우리가 살아가게끔 도와주지만 나쁜 박테리아는 우리 생명을 위협할 수도 있어요. 그래서 수술실을 아주 세심하게 소독하고 박테리아가 침입할 수 없는 특수한 옷을 입는 거예요. 의사들이 수술복을 입은 채 구내식당에서 뭐라도 먹을라치면 금세 박테리아와 다른 미생물에 오염될 테고 그럼 처음부터 다시 옷을 갈아입고 소독을 해야 하지요. 수술실에서 아주 조그만 일이라도 소홀히 했다가는 단 몇 분 안에 이 책에 있는 글자보다 훨씬 많은 박테리아가 판칠 테니까요. 생명력이 어찌나 강한지 박테리아를 완전히 없애기는 거의 불가능해요. 심지어 1년이 넘도록 우주를 날아다닌 로켓의 바깥 면에 달라붙어 끝까지 살아남은 박테리아까지 있었다니까요.

박테리아한테 갈채를?

그래서 이 작은 존재에게 그토록 관심을 기울이는 거예요. 박테리아는 지구에 존재하는 제일 단순한 생명체랍니다. 생물과 무생물의 경계에 가장 가깝다고 할 수 있죠. 또 가장 오래된 생명체이기도 해요. 가장 깊은 바닷속에도 있고 가장 높은 산 위에도 있어요. 가장 추운 극지방에도 있고 가장 뜨거운 사막에도 있어요. 가장 독성이 많은 호수에도 있고 가장 위태로운 화산 지대에도 있어요. 흙 딱 한 숟가락 속에 이 행성에 있는 모든 사람의 숫자보다 더 많은 박테리아가 있어요. 어때요? 박테리아가 매우 특별하게 느껴지지 않나요? 무엇보다도 중요한 건, 만약 박테리아가 없었다면 오늘날 우리가 아는 지구 위 생물들은 아예 존재하지 않았을 거라는 사실이에요.

여러분 의견은 어때요? 박테리아한테 갈채를 보내야 한다고요? 지금 제 정신이에요? 대체 누가 박테리아한테 갈채를 보내겠어요?

구균   나선균   간균   포도상구균   편모가 달린 비브리오

- 1부 -

검은 괴물과 죽음

앞장에서 박테리아가 이것저것 종류도 많고 크기도 다양하다고 했죠? 심지어 빛이 나는 박테리아도 있다니까요! 바닷속에서 다른 물고기를 잡아먹는 물고기 중에 빛나는 박테리아 없인 못 사는 게 있어요. 예를 들어 심해에 사는 초롱아귀라는 무시무시하게 생긴 물고기가 그래요. 그 암컷의 등에 난 가시 끝 주머니에는 빛을 내는 박테리아가 들어 있어요. 깊이가 얕은 물에서는 그런 게 아무 쓸모없지만 이 물고기는 햇빛이 전혀 들지 않는 깊은 바닷속에 살거든요. 그곳은 달도 뜨지 않는 밤 버려진 탄광보다 더 어둡죠. 그만큼 가시 끝 빛이 반짝반짝 더 잘 보인답니다. 암컷 초롱아귀는 등에 달린 가시를 살랑살랑 흔들어서 호기심 많은 작은 물고기들을 꾀어요. 작은 물고기들은 그게 어디에서 나온 빛인지 끝까지 모르겠죠. 초롱아귀가 그 물고기들이 입 앞에 오자마자 재빨리 삼켜 버릴 테니까요. 그래요! 끔찍한 일이죠. 하지만 그게 잡아먹히는 먹잇감의 운명이에요.

죽는 것보다 더 나쁜 게 뭘까요?

만약에 물고기가 한 마리도 죽지 않는다면 어떤 일이 일어날지 상상해 봐요. 그야말로 정말 끔찍할 거예요! 물고기 한 마리는 해마다 족히 100개는 되는 알을 낳아요. 거기서 물고기 100마리가 부화하죠. 이 물고기 100마리가 또 알을 낳으면 100 곱하기 100, 1만 마리가 돼요. 그들이 다시 알을 낳는다면 100만 마리가 된답니다. 고작 3년 만에요! 1년이 더 지나면 1억, 또 1년이 지나면…… 아, 어마어마하게 많아지죠. 10년이면 물고기와 그 알들이 층층이 쌓여 행성 전체를 뒤덮어 버릴 만큼 많은 물고기가 태어날 거예요. 당연히 그럴 순 없지요.

그래서 동물이 언젠가 죽는다는 건 반드시 나쁜 일만은 아니에요. 때로는 물고기도 인간처럼 늙어 죽기도 하죠. 하지만 물고기에게는 보행 보조기도 없고 틀니도, 양로원도 없어요. 어쩌면 비참하게 사는 것보다는 다른 물고기의 먹이가 되는 게 더 나을 수도 있어요. 이렇게 보면 자연은 정말 완벽하게 조직되어 있어요. 짚신벌레가 박테리아를 먹고, 어리고 작은 새끼 물고기가 짚신벌레를 먹고, 큰 물고기는 작은 물고기를 먹고……. 그렇게 자연은 어떤 특정한 종이 너무 많아지지 않도록 조절해 왔어요. 벌써 수억 년 동안 그래 왔죠. 만약 자연이 다른 모습이었다면 여러분도 나도 없었을 거예요. 하마터면 "자연 만세!"라고 외칠 뻔했네요.

무엇이 자연보다 더 잘 작동할까요?

아무리 세상에서 가장 똑똑한 사람이라 해도 자연만큼 잘 작동하는 것을 만들어 낼 수는 없을 거예요. 오히려 우리가 동물과 식물에 대해 신경 쓸수록 모든 일이 뒤죽박죽이 되기 쉽죠. 공원이나 동물원, 수족관에서는 수많은 직원이 모든 동식물이 건강하게 살아가도록 날마다 아주 힘들게 일해요. 동물들마다 제각각 먹이를 챙겨 주고 식물들한테는 물을 뿌려 주지요. 잡초도 뽑아 줘야 하고요. 수족관에 낀 미끌미끌한 이끼를 닦는 일도 빼놓을 수 없어요. 그런데 숲이나 밀림, 바다에선 이 모든 게 저절로 이루어져요. 날이면 날마다, 1년 내내. 자연이 이토록 잘 작동하는 건 또 하나의 기적이에요!

- 1부 -

그리고 또 다른 기적

정말 놀라운 기적은 뭔 줄 아세요? 바로 '우리'예요. 여러분, 나, 그리고 언젠가 태어났던 모든 사람! 여러분은 몇 살인가요? 지금 몇 살이든 여러분이 생겨난 때를 알려면 자기 나이에 수십 년을 더해야 해요. 여러분의 아주 작은 일부는 여러분의 엄마가 아기 침대에 누워 있기도 전에 이미 세상에 존재하고 있었거든요! 여러분은 엄마의 난자에서 나왔는데 이 세포는 엄마가 태어나기 전에 이미 엄마 몸속에 들어 있었어요. 여러분이 태어나기 약 아홉 달 전 난자가 아빠의 정자를 만나 하나로 합쳐졌어요. 여러분은 바로 그 순간부터 공식적으로 세상에 존재했지요. 비록 아직 딱 하나의 세포일 뿐이었지만요.

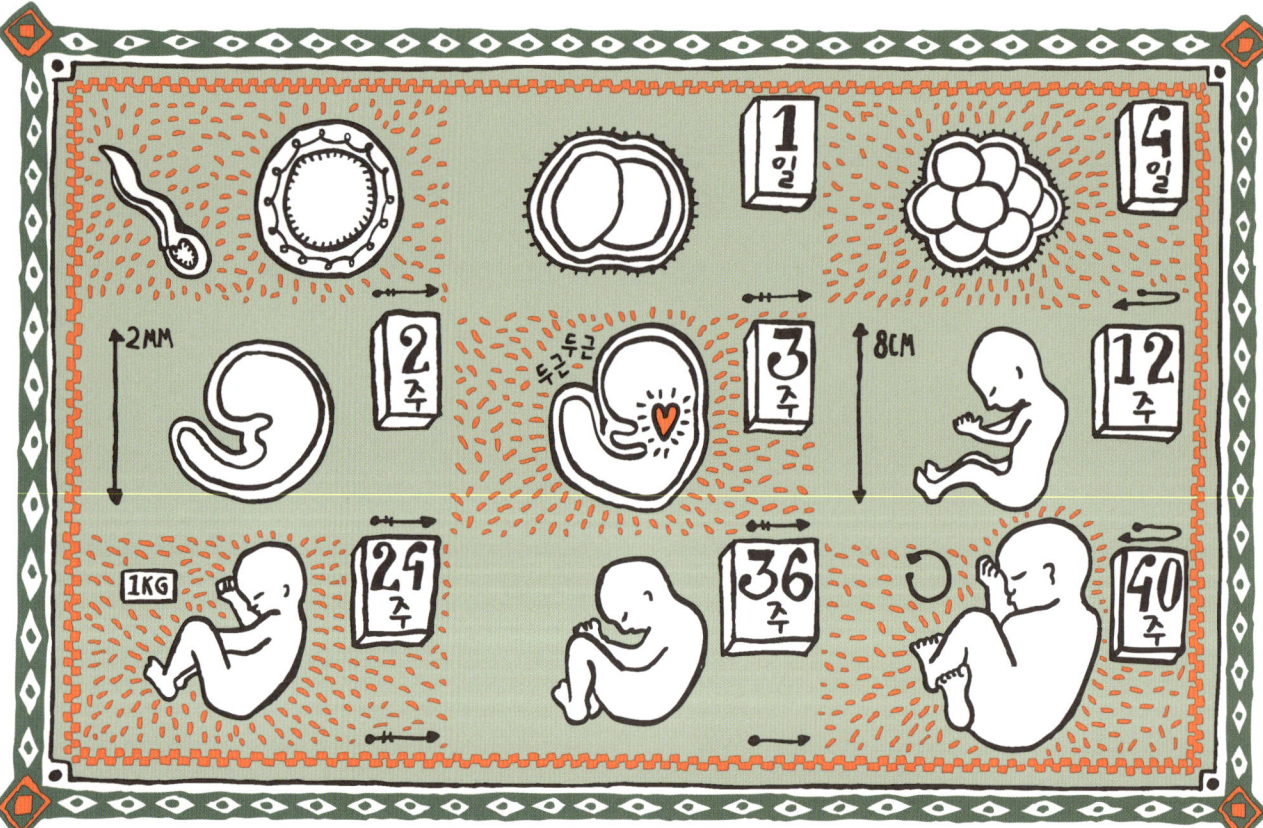

여러분은 어떻게 생겨났을까요?

난자와 정자가 만난 하나의 세포에 기적이 일어났어요. 세포가 나뉘었거든요. 또 나뉘고 또다시 나뉘었죠. 두 개의 세포가 넷, 여덟, 열여섯, 서른둘로 나뉘었어요. 매일 이렇게 계속요. 그러니까 뭐라고 해야 할까, 여러분은 자꾸 나뉘는 세포로 이루어진, 현미경으로만 볼 수 있을 정도로 작은 '공' 같은 거였어요. 그리고 보름쯤 지난 뒤에는 뭔가 다른 일이 벌어지기 시작했어요. 세포가 그냥 무턱대고 느는 게 아니라 어떤 특정한 계획을 따라가기 시작한 거예요. 어떤 세포에서는 심장이 생겨나고 어떤 세포는 뇌가 되고 또 어떤 세포는 뼈가 됐어요. 그렇듯 눈에

거의 보이지도 않던 세포 더미가 앞뒤가 있고 위아래가 있는 인간이 될 기미가 보였답니다.

3주가 지난 뒤 고작 쌀알 하나 크기만 한 여러분은 완전히 색다른 이벤트를 겪게 돼요. 처음으로 심장이 쿵쿵 뛰었거든요! 모든 게 잘 된다면 심장은 사는 동안 이 일을 적어도 25억 번쯤 할 거예요. 일주일이 더 지난 다음에는 처음으로 조그마한 돌기가 살짝 튀어나와요. 이 돌기는 나중에 팔과 다리가 된답니다. 그리고 몸의 다른 부분도 점점 더 자라나요. 12주쯤 되면 거의 진짜 아기처럼 보여요. 하지만 아직도 엄마의 자궁 밖에서 살아남기에는 너무 작아요. 특히 뇌는 더 자라야 해요. 이 시기에는 1초 동안 8천 개의 뇌세포가 더 생겨나서 세상에 태어날 때쯤에는 꽤 많은 뇌세포가 만들어진답니다. 그래서 머리가 몸의 다른 부분이랑 비교했을 때 아주 커다랗지요.

누가 자연을 이토록 완벽하게 만들었을까요?

아홉 달쯤 지나면 시간이 됐어요. 여러분은 완성됐고 준비도 됐어요. 완벽해요. 여러분이 세상에 태어나요. 딱 하나의 세포에서 작은 인간이 생겨난 거예요.

그나저나 세포들은 자기가 두 배씩 늘어나야 한다는 것을 어떻게 알았을까요? 각각 심장, 폐, 오른쪽 코끝, 왼쪽 새끼손가락이 되어야 한다는 것을 어떻게 안 거죠? 그것이야말로 진짜 기적이에요! 이건 여러분뿐만 아니라 살아 있는 모든 것에 통하는 말이에요. 모든 동물과 식물은 어떻게 그렇게 생겨날까요? 누가 자연을 그토록 완벽하게 만들었을까요?

이 세상 모든 민족은 그런 질문을 던졌고 똑같은 대답에 이르렀어요. '전능한 신이 생각해 내고 만든 게 틀림없어!'라고요. 이집트 사람들은 프타신이 이 모든 것을 창조했다고 생각했어요. 프타신은 어떤 존재가 땅 위에 있어야 할지 곰곰이 생각한 다음 큰 소리로 그 이름을 불렀어요. 그러자 이름이 불린 것들이 세상에 존재하기 시작했지요. 마야 사람들은 테페우와 구쿠마츠라는 신이 땅 위의 모든 생명체를 만들었다고 믿었어요. 이 신들은 모든 식물과 동물을 창조해 내고 자기들이 꽤 잘 만들었다고 생각했어요. 자신들의 노고를 인정받고 싶어서 신과 피조물을 경배할 수 있는 인간까지 만들었죠. 기독교, 유대교, 이슬람교에서는 세상에 딱 하나뿐인 신이 이 모든 것을 엿새 만에 만들어 냈다고 믿어요. 여기서도 인간, 아담과 이브는 가장 마지막에 만들어졌어요. 이밖에도 창조 이야기는 아주 많아요.

생명이 어떻게 생겨났는지 누가 증명할 수 있을까요?

옛날에는 신이 모든 동물과 식물을 창조했다는 사실을 의심하는 사람이 별로 없었어요. 물론 모든 민족의 의견이 다양해서 각기 다른 종교와 창조 이야기를 했지만요. 그 이야기들은 상당히 달랐고 지금도 여전히 달라요. 종교가 다른 사람들한테 생명이 어떻게 생겨났는지 물어본다면 무척이나 다채로운 대답이 나올 거예요.

과연 누가 옳을까요? 어떤 종교도 그 창조 이야기를 증명할 수는 없어요. 그래서 과학자들은 지구를 비롯한 우주에서 생명이 어떻게 생겨나는지 연구하기 시작했어요. 과학자들은 생명이 어떻게 생겨났는지 알아냈을까요? 과학자들은 어떻게 지식과 정보를 얻을까요? 그리고 그만큼 중요한 것, 과학자들은 자기 설명을 실제로 증명할 수 있을까요?

— 2부 —

지구는 몇 살일까요?

- 2부 -

2를 머릿속에 두고, 6으로 나눈 다음에 3을 곱하면……
그럼 신은 딱 6시에 일을 마쳤음에 틀림없어요

지구에 생명이 어떻게 생겨났을까요? 그걸 알려면 지구가 언제 생겨났는지를 먼저 알아야 하겠죠. 대체 지구는 몇 살일까요? 우주는 나이가 얼마나 될까요? 지구와 우주는 나이가 같을까요? 어떻게 하면 그것을 알아낼 수 있을까요?

지구의 나이를 계산한 사람들 가운데 가장 유명한 사람이 북아일랜드 아마 교구의 대주교 어셔예요. 어셔 대주교는 성경을 아주 세심하게 연구하면서 샅샅이 뒤지고 생각하고 계산했어요. 그리고 1656년 죽기 직전에 신이 지구를 기원전 4004년 10월 23일에 만들었다는 결론에 이르렀어요. 또 다른 지식인 존 라이트풋은 심지어 시각까지 언급했어요. 작업 속도로 미루어 보아 신은 저녁 6시 쯤에는 분명 일을 다 마쳤을 거라고 했지요. 그날 저녁 신은 발을 높이 올린 채 소파에 편안하게 누워서 손에는 신문을 들고 있었을 거라나요. 그때 석간 신문이 나와 있었다면요.

기원전 4천 년일까요 아니면 40억 년일까요?

지구의 나이를 짐작하려는 사람은 어셔 혼자만은 아니었어요. 어셔와 같은 시대에 살던 여러 사람이 비슷한 계산을 했답니다. 지금껏 가장 위대한 과학자로 꼽히는 아이작 뉴턴도 지구의 나이를 계산했죠. 뉴턴은 지구 크기의 뜨거운 쇠 공이 식는 데 걸리는 시간을 계산해서 지구의 나이를 5만 살이라고 결론냈어요. 여러 지식인들이 비록 다른 시각을 말했지만, 사실 그 내용들은 그리 큰 차이가 없다고 할 수 있어요. 그럴 수밖에 없는 게 다들 성경을 원전으로 이용했거든요. 그때는 유럽 사람 대부분이 기독교도였고, 사람들은 지구가 6000살쯤 되었다고 받아들였지요.

지구가 그렇게 '젊다'고 생각하는 기독교인들이 아직도 많이 남아 있지만 다른 종교에서는 대개 지구의 나이가 훨씬 더 많다고 여겨요. 중국 민간 신앙에 따르면 지구는 3만 8000살 됐어요. 힌두교도들은 지구와 우주가 40억 살 됐다고 생각해요. 참 다양하지요? 그럼 과학자들은 어떻게 말할까요? 글쎄, 과학자들도 처음에는 잘 몰랐어요. 이런 질문에 어떻게 쉽게 대답을 할 수 있겠어요? 스코틀랜드의 자연 과학자 제임스 허턴은 날카롭게 관찰하고 영리하게 숙고해서 처음으로 좋은 시도를 한 과학자랍니다.

조개껍데기가 왜 산꼭대기에서 발견될까요?

간혹 높은 산꼭대기에서 거기 있으리라고는 전혀 꿈도 꾸지 않았던 게 발견되곤 해요. 바로 조개껍데기예요. 조개껍데기가 한두 개가 아니라 셀 수 없을 만큼 많은 경우도 있어요. 지구 어디에 가든 산에서 조개껍데기를 찾을 수 있어요. 도대체 조개껍데기가 어떻게 거기까지 올라갔을까요? 사람들은 비슷한 답을 찾았어요. 언젠가 홍수가 났을 거라고요. 그래서 바닷물이 산꼭대기까지 이르렀을 거라고요. 여러 가지 이야기가 그 사건을 다루고 있죠. 가장 유명한 게 노아의 방주 이야기고요. 하지만 허턴은 그런 이야기를 믿지 않았어요. 허턴은 오히려 1785년에 다른 이론을 내놓았어요.

허턴이 보기에 산은 언제나 작아질 수밖에 없었어요. 바위는 아래로 굴러떨어질 뿐 위로 올라가지는 않으니까요. 모래와 돌도 강을 따라 아래로 흘러가지, 위로 올라가지는 않고요. 그런데도 지구는 평평해지지 않았어요. 산은 높아졌고요. 어떻게 그랬을까요?

허턴은 몇몇 암석을 살펴보다가 암석이 언젠가 녹은 적이 있다는 사실을 알아냈어요. 압력과 열 작용에 의해서요. 그래서 지구 내부가 완두콩수프처럼 걸쭉할 거라고 짐작했지요. 지구 내부는 암석으로 이루어졌으니까요. 지구 외부의 딱딱한 지각은 이 걸쭉한 액체 층 위에서 쉽게 움직일 수 있을 테고, 그렇게 움직이다가 지구의 많은 부분이 올라가는 한편 다른 부분은 가라앉을 거라는데 생각이 미쳤어요. 허턴은 이렇게 지각의 두 부분이 서로 맞닿는 중에 산이 생겨났을 거라고 짐작했어요. 마치 잔물결 두 개가 만나서 큰 파도가 생기듯 말예요. 물론 산은 파도보다 훨씬 천천히 생기겠지요. 허턴은 자기 생각을 증명해 낼 수 없었지만 오늘날 과학자들은 할 수 있어요. 그 결과 허턴의 생각이 완전히 옳았음이 입증됐어요. 알프스나 히말라야산 봉우리도 한때는 조개로 가득한 바다 밑바닥이었답니다.

몇 시간, 심지어 몇 달 동안 꾸준히 바라보아도 산이 솟아오르는 모습을 볼 수는 없어요. 산은 무척이나 천천히 천천히 솟아오르거든요. 허턴도 그 사실을 알고 있었어요. 산이 아무리 빨리 자란다고 해도 일 년에 겨우 몇 mm씩 높아질 뿐이에요. 그러니까 바다 밑바닥이 몇 km 높이의 산이 되려면 수천 년, 어쩌면 수백만 년이 걸릴 거예요. 그래서 허턴은 지구가 무척 오래됐을 거라는 결론에 이르렀죠. 그런데 정확하게 얼마나 오래됐을까요?

- 2부 -

돌이 얼마나 오래됐는지 어떻게 알 수 있을까요?

별이나 동식물 또는 화학 물질을 연구하는 사람은 많았어요. 하지만 돌은요? 허턴이 의견을 내놓기 전까지 암석 따위는 너무 지루하다고 생각했어요. 몇몇 아름다운 광물을 살피는 건 흥미롭지만 날이면 날마다 딱딱한 암석층을 관찰하며 시간을 쏟는 건 완전히 다른 일이니까요. 하지만 허턴 덕분에 그런 생각이 바뀌었어요. 암석과 암석층의 연구가 흥미진진해졌죠. 이제는 그런 걸 연구하는 학문을 위한 이름까지 따로 있다니까요. 지질학이라고요.

지질학자들은 여러 가지 사실을 알아냈어요. 다양한 암석층이 어떤 시대에 생겨났는지 알 수 있는 방법도 내놨어요. 화석을 통해서였죠. 과거에 살았던 동식물의 몸이나 활동 흔적이 암석이나 지층 속에 쌓이고 쌓여 남아 있는 걸 화석이라고 하잖아요. 그러니 화석을 연구한 고생물학자들의 공이 클 수밖에 없어요. 땅속 여기저기에 멸종한 동물들의 잔해가 남아 있으니까요. 여러분이 생각하는 것보다 훨씬 더 많답니다. 지금도 엄청 많은 동식물이 존재하지만, 사실 한때 세상에 있었던 생물의 99.9%가 멸종했거든요.

그렇다면 지구는 얼마나 오래됐을까요?

그래서 각 시대마다 화석이 많이 나와요. 똑같은 화석이 두 군데의 토양에서 나온다면 두 토양은 틀림없이 같은 시대의 흙일 거예요. 또 대개 가장 오래된 층이 가장 깊은 바닥에 깔려 있어요. 그러니까 화석과 암석 종류를 살펴보면, 그 암석층이 얼마나 오래됐는지 알아낼 수 있지요.

지질학자들은 다양한 암석층을 살펴보고 지구의 역사를 나눌 수 있었어요. 예를 들어 석탄기의 암석층은 석탄으로 이루어져 있어요. 쥐라기라는 다른 시기도 있어요. 이런 암석층은 하룻밤 사이에 뚝딱 생겨나지 않기에 과학자들은 지구가 분명 수억 년은 됐다는 사실을 알 수 있었어요. 하지만 가장 중요한 대답은 여전히 분명하지 않았어요. 지구는 과연 얼마나 오래됐을까요?

돌이 썩거나 상할 수 있을까요?

1956년이 되어서야 지구의 나이를 어느 정도 정확하게 추측할 수 있었어요. 이 추측은 암석과 광물뿐 아니라 완전히 다른 기술의 도움도 받았지요.

달걀 하나를 깨서 침대 밑에 며칠만 놔둬 볼까요? 그럼 시간이 어떤 대상에 영향을 미친다는 사실을 보(고 무엇보다 냄새 맡)게 될 거예요. 달걀은 썩어 문드러지지요. 살아 있는 것은 모두 결국 그렇게 되기 마련이에요. 하지만 돌처럼 살아 있지 않은 것들은 어떻게 될까요?

돌은 썩지도 않고 곰팡이가 피지도 않아요. 하지만 십만 년, 백만 년이 지나면 비로소 변해요. 결국 변하는 거죠. 존재하는 것이 모두 그렇듯 돌은 원자로 이루어져 있고, 그리고 거의 모든 원자는 충분히 오래 기다리면 변하게 마련이에요. 어떤 부분은 사라져요. 원자가 '붕괴하는' 거죠. 암석층은 다양한 물질로 이루어져 있어요. 때로는 금이나 은, 동 같은 걸 발견할 수도 있어요. 이것들을 원소(원자의 성질을 갖는 최소 단위*)라고 해요. 다양한 원소 속에 들어 있는 원자가 똑같은 속도로 붕괴하지는 않아요. 어떤 건 붕괴하는 데 몇 년이 필요하고 어떤 건 수천 년이 필요해요.

지구 나이의 증거를 어떻게 찾아냈을까요?

과학자들은 어떤 원소의 원자핵 절반이 붕괴하는 데 드는 시간이 얼마나 걸리는지 정확하게 계산해 봤어요. 원자핵은 원소의 중심부를 이루는 입자예요. 원자핵의 절반이 붕괴하는 데 드는 시간을 반감기라고 해요. 요오드 원자핵은 8일이면 절반이 붕괴해요. 플루토늄 원자핵은 절반이 붕괴하는 데 2만 4400년이 걸려요. 그리고 우라늄 238의 원자핵은 절반이 붕괴하는 데 무려 44억 6000만 년이 걸린답니다. 어떤 암석에서 원자핵이 절반쯤 붕괴된 우라늄 238을 찾는다면 그 암석은 44억 6000살은 거뜬하게 산 거예요.

지질학은 이런 사실을 알아낸 다음 이전보다 훨씬 더 많은 사랑을 받게 되었어요. 여러 지질학자들은 지구에서 가장 오래된 원소가 무엇인지 찾아 나섰어요. 마침내 46억 년쯤 된 원소를 찾아냈지요. 그러니까 지구는 적어도 그만큼 나이를 먹은 게 틀림없어요. 이제 우주가 얼마나 오래됐는지, 그 질문만 남았어요.

- 2부 -

우주는 얼마나 오래 됐을까요?

그나저나 우주의 나이는 도대체 어떻게 계산해야 할까요? 천문학자 에드윈 허블이 없었다면 우리는 그 방법을 절대로 알 수 없었을 거예요. 허블은 우주에 관해 아주 중요한 발견을 했거든요. 허블은 우주가 수없이 많은 은하로 이루어져 있다고 봤어요. 은하는 구름 띠 모양으로 길게 분포된 무수한 천체의 무리를 가리키는 말이에요. 그것만으로도 대단한데 1929년 허블은 더 나아가 우주가 팽창하고 있다는 사실까지 발견했어요. 이는 이 은하들이 서로 멀어지고 있다는 뜻이에요. 바람이 빠진 풍선 위에 작은 점들을 찍고 그 작은 점을 은하라고 상상해 봐요. 풍선에 바람을 불어넣으면 이 점들은 서로 점점 더 멀어질 거예요. 은하에도 이와 비슷한 일이 벌어진답니다.

우주가 얼마나 오래됐는지 어떻게 계산할 수 있을까요?

여러분이 영화를 만든다고 해 봐요. 영화 속에서 우주는 점점 더 커지고 점점 더 비어 가고 있어요. 그런데 이 영화의 필름을 거꾸로 돌리면 어떤 일이 일어날까요? 은하계들이 점점 더 가까워지겠죠. 우주는 점점 더 작아지고요. 우주가 작아지고 작아지고 더 작아져서 마침내 믿을 수 없을 만큼 많은 별과 달과 행성이 하나의 자그마한 점, 1mm의 1조 분의 1보다 더 작은 점으로 압축될 때까지 작아진다고 상상해 봐요. 이런 일이 실제로 일어났을까요? 많은 천문학자들이 그렇다고 해요.

대부분의 천문학자들은 상상할 수 없을 만큼 작은 입자가 폭발해서 거대한 우주가 생겨났다고 믿어요. 지금 우주에 있는 모든 것이 이렇게 생겨났대요. 별들이 얼마나 빠르게 멀어지는지 속도를 계산해 보면 이런 '빅뱅'이 언제 일어났는지를 알 수 있다는 거예요. 빅뱅은 우주를 탄생시킨 큰 폭발이죠. 그래요, 말은 쉽지만 과학자들도 아직 이 문제에 대해선 확신을 하지 못해요. 지금으로서는 우주가 138억 년 됐다는 데 의견이 일치하고 있어요. 우주가 더 오래됐을 수는 있지만 그보다 많이 젊지는 않을 거예요. 이는 빛의 속도와 관련이 있어요.

햇빛은 얼마나 빨리 지구에 닿을까요?

비바람이 불고 천둥, 번개가 칠 때 천둥소리가 들리기 전에 번개가 먼저 보인다는 사실을 눈치 챘나요? 빛이 소리보다 더 빨리 움직이기 때문이지요. 소리는 1초에 약 343m를 가지만 빛은 1초에 30만 km를 간답니다! 거의 상상할 수 없을 만큼 빠른 속도예요! 그 어떤 것도 빛보다 빨리 움직이지 못할 걸요? 그렇지만 우주 속에 있는 물체들 사이의 거리도 만만치 않게 멀답니다. 누가 달에서 여러분에게 손짓을 한다면 1초가 지나서야 볼 수 있죠. 달이 지구에서 38만 5000km 떨어져 있으니까요. 심지어 태양은 더 멀어요. 햇빛이 우리 행성에 닿으려면 그렇게 빠른 빛의 속도로도 8분이나 걸려요. 누가 태양을 망가뜨린다면 8분이 지난 뒤에야 알아챌 수 있어요!

그런데 우주 속 다른 물체들 사이의 거리는 태양보다 훨씬 더 멀어요. 태양 다음으로 우리에게 가까운 항성(별)은 켄타우루스자리 프록시마 별이에요. 거기에서 나온 빛이 지구에 닿으려면 거의 4년이 걸리죠. 그래서 우주에서는 '광년'이란 말로 거리를 나타내요. 1광년은 빛이 1년 동안 움직이는 거리니까 무척이나 멀지요. 하지만 광년으로 계산해도 부족한 경우가 많아요. 어떤 별은 어찌나 먼지 그 빛이 아직도 여기에 닿지 않았다니까요. 지금까지 관찰한 것 가운데 우리한테서 가장 먼 은하계는 130억 광년 떨어져 있어요. 그러니까 우주는 적어도 그만큼은 나이를 먹었을 거예요.

그럼 그 긴 시간 동안 일어난 일을 살펴보러 갈까요?

— 3부 —

모든 것의 역사

- 3부 -

우주는 어떻게 생겨났을까요?

혹시 자동차가 상자 크기의 고철로 짓눌러진 걸 본 적이 있나요? 자동차를 폐차시킬 때 부피를 줄이려고 택배 상자 크기로 압축하기도 하지요. 그럼 아파트를 그렇게 구긴다고 한번 상상해 봐요. 그다음 우리 지구 전체를 단호박 크기로 그렇게 짓누른다고 머릿속으로 그려 봐요. 그리고 우주에 있는 모든 별과 행성, 모든 위성, 모든 바윗덩어리를 자동차 트렁크에 딱 들어갈 크기의 소포로 으갠다고 떠올려 봐요. 그러고는 이 소포를 다시 세상에서 가장 좋은 현미경으로도 볼 수 없을 만큼 작은 점으로 압축시킨다고 상상해 봐요. 다 해 봤어요? 그럼 여러분은 우주가 빅뱅 직후(100경 분의 1초의 1만 조 분의 1인) 순간 어떻게 보였을지 아는 거예요.

물론 우주는 원래 컸다가 그렇게 쪼그라들지는 않았어요. (아! 이것도 추측일 뿐이죠.) 나는 다만 우주가 (그 안팎에 있는 것을 다 포함해도) 상상할 수 없을 만큼 작았다는 이야기를 하고 싶은 거예요. 존재하는 것은 모두 무에서 생겨났어요.

원자와 분자가 늘 있었을까요?

138억 년 전, 맨 처음 일어난 일을 떠올리기란 그리 쉽지 않아요. 그래도 전문가들은 이랬을 거라고 생각하죠. 옛날 옛적에 우주는 짐작할 수 없을 만큼 작았고 그 온도는 몇십억 ℃에 이르렀어요. 그러다가 빵 터지더니 점점 커졌어요. 수조 분의 몇 초도 지나지 않아 우주는 우리가 상상할 수 없을 만큼 커졌답니다!

이 단계에서는 지금과 비슷한 게 하나도 없었어요. 우주는 말로 표현하지 못할 만큼 뜨거웠고 원자와 분자도 아직 나타나지 않았어요. 모든 게 너무 빽빽하게 채워져 있었거든요. 빅뱅 직후에 기본 입자가 생겨나 3분 안에 양성자와 중성자, 헬륨 원자핵 순으로 물질이 만들어졌지요. 38만 년이 더 지나서야 원자가 탄생했어요. 모든 원자가 이때 한꺼번에 나타난 건 아니에요. 태초의 원자로부터 다른 원자들이 차례대로 등장했답니다. 그 무렵에는 우주도 어느새 약 3000℃로 '식었죠.' 항성과 행성도 아직 없었어요. 항성과 행성은 우주가 4억 년 되었을 때, 그러니까 134억 년 전에 비로소 나타났지요.

행성은 어떻게 만들어졌을까요?

별들이 처음으로 나타나서 춤을 추기 시작했어요. 그 춤은 아직 끝나지 않았죠. 별들은 촛불처럼 타오르다가 스러졌어요. 그래도 그건 끝이 아니었어요. 뒤에 남은 물질 가운데 폭발성이 있는 게 많았거든요. 큰 별이 스러지면 그 파편들끼리 무지막지하게 충돌해 폭발했어요. 별 하나가 다시 폭발할 정도로 강하고 세차게. 그렇게 부서진 조각들이 우주에 흩어져서 다른 별 조각을 만나 다시 뭉쳐서 덩어리를 만들었어요. 그리고 이 덩어리가 서로 끌어당겨서 새로운 별과 행성이 태어났답니다. 하지만 이 별들도 결국 다시 폭발해서 새로운 별을 만들었어요. 그럼 별들의 춤은 처음부터 다시 시작됐지요.

약 46억 년 전, 이런 가스와 먼지로 이루어진 구름이 우주에 둥둥 떠다녔어요. 이 가스와 먼지들은 서로 끌어당기다가 욕조 물이 수챗구멍으로 빠질 때처럼 빙빙 돌기 시작했어요. 가스와 먼지로 이루어진 평평한 판이 빙글빙글 돌면서 맨 안쪽에 가장 큰 먼짓덩어리가 자리잡았어요. 그게 대부분의 가스와 먼지를 죄다 끌어 모아서 별이 되었어요. 그 주변을, 가스와 돌로 만들어진 조금 커다란 덩어리들이 빙글빙글 돌다가 행성이 되었고요. 우리는 이런 별과 행성들을 잘 알죠. 태양이 별(항성)이고 화성, 목성, 금성 같은 것들이 행성이에요. 물론 지구도 있지만 지구는 그 무렵 지금과 같은 행성은 아니었어요.

달은 어떻게 생겨났을까요?

처음에 지구는 액체였다가 가장 겉에 있던 층이 차차 굳기 시작했어요. 지구는 딱딱한 껍질이 덮인, 뜨거운 액상 암석 공처럼 되었죠. 시간이 흐르면서 열도 식고 조용해지는 듯했지만 뭔가 지구를 향해 엄청난 속도로 달려들었어요. 무엇이었을까요? 유성? 거대한 우주 암석? 혜성? 차라리 그런 거였다면 좋았겠네요. 세상에, 화성만큼 큰 진짜 행성이 지구와 충돌할 궤도에 들어왔어요. 거기서 벗어나는 건 불가능했어요. 마침내 엄청난 폭음과 함께 한 국가나 도시만큼이나 거대한 파편이 여기저기 튀었어요. 지구가 한동안 흔들리다가 다시 천천히 둥근 공 모양이 되는 동안, 이 파편들도 합쳐져서 공 모양이 됐어요. 달이 된 거예요.

그때부터 태양과 지구와 달이 존재했어요. 하지만 그 무렵 지구에는 별일이 일어나지 않았어요. 아무것도 살지 않았거든요. 왜냐고요? 아무것도 살 수 없었으니까요. 그때의 지구는 자동차와 화학 공장의 독가스에 가장 독성이 강한 물질을 뿌리고 모든 원자력 발전소와 원자 폭탄을 폭발시킨 것보다 더 심한 상태였어요. 지구가 얼마나 뜨겁게 펄펄 끓었으면 처음 몇 년 동안 모든 암석이 다 액체로 남아 있었겠어요 하지만 지구가 어느 정도 식었을 때도 거기 사는 건 쉬운 일이 아니었지요.

- 3부 -

아주 오래전 지구에서의 하루는 어땠을까요?

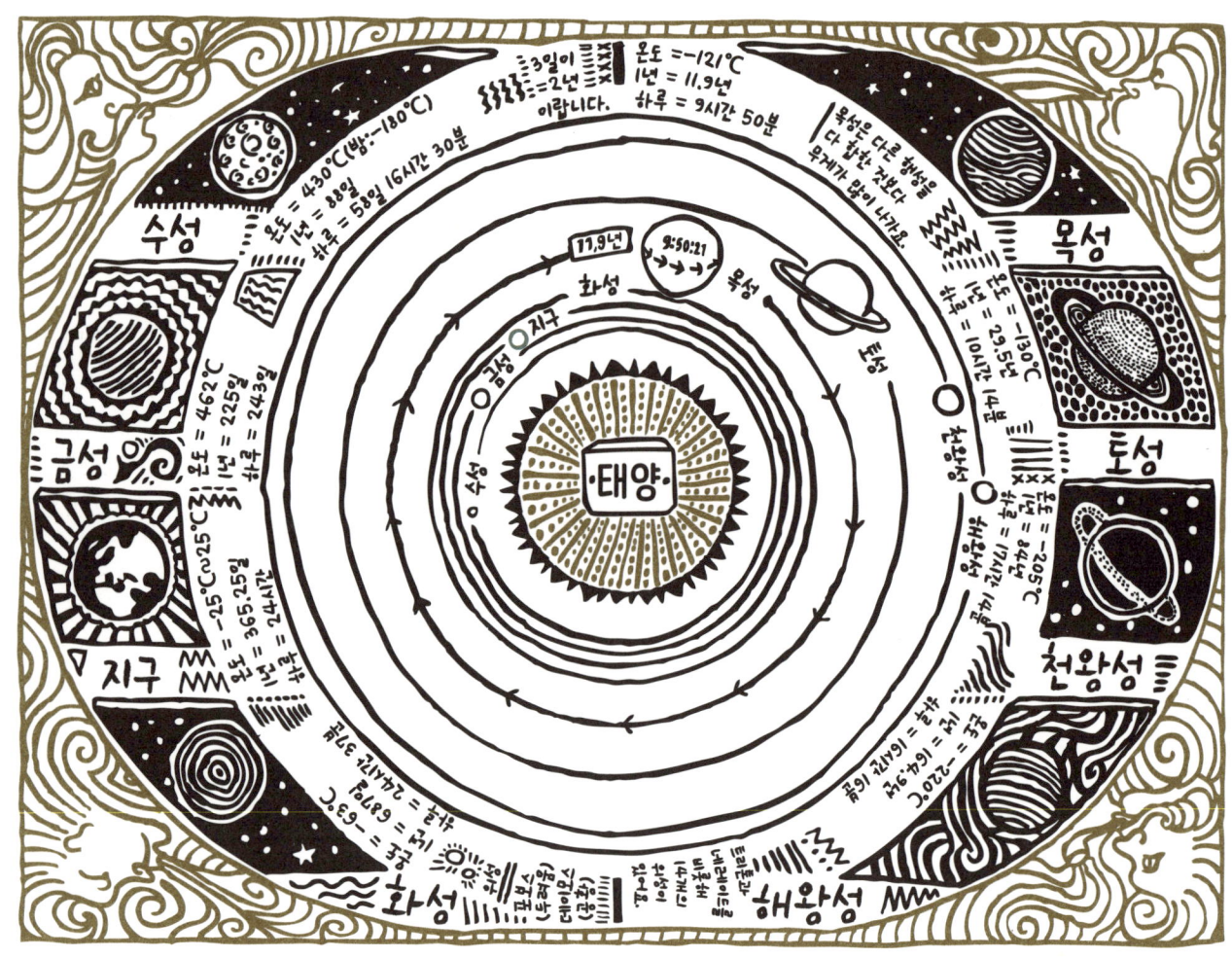

약 여러분이 40억 년 전쯤에 지구에 있었다면 어땠을까요? 일단 그때가 낮이면 여러분은 바삭하게 구워졌을 거예요. 당장 화상을 입었을 거라는 얘기죠. 지금과 달리 그 무렵 지구에는 여러분을 태양열에서 보호해 줄 대기나 가스층이 없었거든요. 사실 햇빛이 아무런 보호 장치 없이 사람에게 직접 닿으면 불과 몇 km 밖에서 원자 폭탄이 터지는 것만큼이나 치명적이에요. 당시 지구는 펄펄 끓어오르듯 뜨겁다가도 밤이면 순식간에 추워졌어요. 낮에는 영상 40℃였지만 새벽엔 영하 20℃가 되는 게 보통이었어요. 게다가 지구는 지금보다 훨씬 더 빨리 자전(천체가 고정된 한 축을 중심으로 도는 일*)했어요. 하루가 겨우 여섯 시간밖에 안 됐답니다!

숨을 쉴 수도 없을 거예요. 당시 지구는 산소 대신 질소와 암모니아 등이 섞인 죽음의 가스로 뒤덮여 있었거든요. 게다가 머리에 운석을 맞을 가능성도 아주 컸어요. 그 무렵엔 우주에서 날아온 수없이 많은 암석과 얼음 조각들이 사방에서 우수수 떨어졌으니까요. 어때요, 아늑하겠죠?

왜 생명은 바다에서 생겨났을까요?

운석은 지구를 괴롭혔지만 지구에 생명이 생겨나게끔 해 준 은인이에요. 운석은 많은 양의 얼음을 품고 지구에 떨어졌거든요. 얼음이 녹아서 처음으로 바다가 생겨났어요. 땅 위에서 생물이 살 수 없게 만든 햇빛은 깊은 바닷속까지는 뚫고 들어갈 수 없었죠. 바닷속에는 위험한 가스도 그렇게 많지 않았어요. 물은 땅보다 훨씬 더 천천히 데워지고 느리게 식어 가기 때문에 온도 차이도 그리 크지 않았고요. 생명이 생겨날 수 있는 환경이 처음으로 만들어진 거예요. 그러자 정말로 생명이 생겨났어요.

그렇지만 생명이 아주 빨리 생겨났다고 주장할 순 없답니다……

땅 위에 생명이 생겨나기까지는 얼마나 걸렸을까요?

앞에서 지구의 역사가 46억 년 정도라고 했었죠?
지구 탄생 이후 첫 9억 년 동안, 그러니까 46억 년 전부터 37억 년 전까지 우리 행성에는 아무것도 살지 않았어요. 그러다가 처음으로 살아 있는 세포들이 조심조심 지구를 정복하기 시작했어요. 어떻게 그런 일이 일어났는지는 다음 장에서 이야기할게요. 이 세포들은 우리가 상상할 수 있는 가장 단순한 존재였지만 적어도 살아 있었어요. 그다음 28억 년 동안 언뜻 보기에는 그리 많은 일이 일어나지 않았어요. 하지만 세포들이 점점 더 복잡해지고 똑똑해졌죠. 짚신벌레랑 박테리아를 떠올려 보세요. 박테리아에는 앞으로 나아가게 하는 모터 같은 기능을 하는 편모가 달려 있잖아요. 어쨌든 지구에는 약 28억 년 동안 단세포 생물만 살았어요.

인간은 얼마나 오랫동안 존재했을까요?

약 10억 년 전부터는 해파리나 해면동물(바닷속 바위 등에 붙어 사는 동물로 감각 세포, 신경 세포 등이 없음*)처럼 여러 개의 세포로 이루어진 동물들이 처음으로 지구에 살기 시작했어요. 하지만 물 밖에는 여전히 아무것도 살지 않았죠. 약 4억 7500만 년 전에야 비로소 물 밖에도 생물이 나타났답니다. 식물이 처음으로 땅 위에 자라났지요. 그다음부터는 빠르게 생물들이 발달하기 시작했어요. 4억 년 전에 곤충이 나타나더니 3억 6000만 년 전에는 양서류, 3억 년 전에는 파충류가 지구상에 살기 시작했어요. 포유류는 이미 2억 년 전에 나타났고요. 그렇다면 우리 인간은 어떨까요? 인간은 30만 년 전에야 비로소 나타났어요.

지구의 역사를 딱 하루라고 생각해 봐요. 그럼 살아 있는 세포는 새벽 4시에 처음 생겨난 셈이에요. 그런 다음 한동안 아무 일도 일어나지 않다가, 저녁 8시가 지나서야 비로소 다세포 생물이 나타난 거죠. 육상 동물은 밤 10시에 처음으로 나타나지요. 인간은 자정이 되기 몇 초 전에야 비로소 나왔어요. 이게 우리 지구의 역사예요.

이제 여러분은 모든 걸 다 알고 있을까요?

아니요. 그러려면 아직 멀었어요. 아마 물어보고 싶은 게 아주 많을 거예요. 최초의 생명은 어떻게 생겨났어요? 어디서 다른 종이 계속 나와요? 왜 모든 게 한꺼번에 나타나지 않죠? 그리고 우리가 그걸 어떻게 알죠? 걱정 마세요. 어차피 이 책에서 이런 질문들을 다룰 테니까요.

— 4부 —

모든 시대를 통틀어 가장 멋진 과학적 아이디어

- 4부 -

진화론은 무엇일까요?
누가 그걸 생각해 냈을까요?

"나 참 우스워서."
"이런 헛소리는 난생 처음 들어 보는군."
"성경을 전혀 존중하질 않아."
"인간의 조상이 원숭이라고? 나 원 참! 어머니 쪽이야, 아니면 아버지 쪽이야?"
"이건 단순히 멍청한 게 아니라 수치스러운 거라고!"

영국인 찰스 다윈이 지구상 모든 생물의 기원에 대한 책을 내자 그걸 본 사람들은 저렇게 탐탁지 않아 했어요. 좀 심하긴 하지만 다윈의 생각이 너무 파격적이긴 했어요. 찰스 다윈은 1809년에 태어났는데 그 무렵 사람들은 신이 엿새 만에 세상을 만들었다고 철석같이 믿었거든요. 그런데 다윈이 완전히 다른 설명을 내놓은 거예요. 다윈은 자신의 책에서 땅 위의 모든 생물에게는 공통의 조상이 있다고 썼어요. 인간과 원숭이는 물론 진달래, 오이, 파리, 하물며 박테리아까지 모두 다 같은 조상이 있다고요. 초파리에서 고래, 사자, 민들레, 북극여우, 사막쥐는 물론 지금까지 세상에 살아 있던 것은 모두 아주 오래전에 살았던 딱 하나의 조상에서 나왔다고 주장했죠. 별 황당한 이야기가 다 있다 싶지요? 그런데 다윈이 옳았어요!

차마 피를 볼 수 없었던 의사

다윈의 책은 생물학자를 비롯한 과학자의 사고방식을 완전히 바꾸어 버렸어요. 다윈은 독특한 사람이었어요. 어릴 때는 조개껍데기, 이, 동전 등등 어디 딱 붙박여 있는 게 아니라면 다 모았어요. 동물과 식물, 암석에 대한 책도 무척 많이 읽었고요. 좀 더 자라서 의대에 갔지만 의학 공부를 시작한 지 얼마 지나지 않아 자기가 피를 보지 못한다는 사실을 알게 됐어요. 그래서야 의사가 될 순 없죠. 다윈은 자기 전공은 제쳐 두고 자연 과학에 대한 강의를 주로 들었어요. 아버지는 못마땅해했죠. 아들이 신학 공부를 해서 나중에 목사가 되길 원했거든요. 결국 다윈은 신학으로 전공을 바꾸어 대학을 마쳤지만 목사가 되기 전에 아주 특별한 제안을 받았어요. 바로 지질학 연구를 위한 세계 일주였어요. 그 결과 자연 과학자로 지구를 한 바퀴 도는 항해에 따라가게 되었답니다.

이렇듯 다양한 종이 어디서 나왔을까요?

다윈에게 이 항해는 천국이자 지옥이었어요. 심한 뱃멀미에 시달렸거든요. 배가 항구를 채 벗어나기도 전에 난간에 매달려서 구역질을 시작했어요. 그러다가 배가 정박하면 얼른 그 땅을 탐색하러 나섰답니다. 게다가 그 일을 어찌나 잘했는지, 여러 진귀한 동식물을 찾아내고 멸종된 동물의 멋진 화석을 발견했죠. 다윈은 특정 종들 사이의 차이에 가장 관심이 많았어요. 다윈은 갈라파고스 군도의 각 섬에 서식하는 다양한 새들을 찾아 나섰는데, 그 새들을 핀치라고 생각했죠. 새들은 다 비슷하게 생겼지만 또 아주 조금씩 달랐어요. 어떤 섬의 핀치는 다른 섬의 핀치보다 부리가 좀 더 길었어요. 섬들 사이의 거리는 그리 멀지 않았지만 새들은 행동거지도 다르고 먹이도 달랐지요. 다윈은 무척이나 신기해하면서, 그 새들을 더 정확하게 연구하려고 영국으로 실어 왔답니다. 나중에 밝혀졌는데, 다윈은 이 새들이 독자적인 종이라고 생각했지만 실제로는 같은 종이었어요. 다윈은 곰곰이 생각했어요. 대체 이런 차이가 왜 생긴 걸까? 영국에서는 섬에 사는 핀치와 런던에 사는 핀치가 서로 생김새가 같은데, 왜 갈라파고스 군도 섬에 사는 새들은 이렇게 다를까?

다윈은 오랫동안 이 질문에 몰두했어요. 그러다가 동식물을 교배하는 사람의 작업 방식에 관심을 갖게 되었어요. 그 사람들은 어떻게 교배해서 새로운 종과 아종을 번식시키지? 새로운 품종의 개나 식물을 만들어 내는 데는 얼마나 걸릴까? 알고 보니 그 사람들의 대답은 간단했어요.

- 4부 -

70kg 나가는 개를 어떻게 만들까요?

키 큰 해바라기를 기르고 싶으면 해바라기 꽃밭에서 제일 키가 큰 해바라기 씨를 받아 두었다 갖다 심으면 된다는 거예요. 아이들이 부모를 닮듯이 식물도 부모 식물을 닮으니까요. 대체로 키 큰 꽃의 씨앗이 다시금 키 큰 꽃을 피운답니다. 그러니 키 큰 해바라기를 피우려면 찾을 수 있는 가장 키 큰 해바라기의 씨앗을 받아 심고 거기서 다시 해바라기가 자랄 때까지 기다리면 되지요. 새로 나온 해바라기 중에는 자기 부모 꽃보다 더 커지는 경우도 종종 있어요. 더 큰 해바라기를 원한다면 그 가운데 가장 큰 것만 골라서 계속 그 씨를 심으면 돼요. 그럼 해바라기의 키가 2m에 이르겠죠. 강아지도 마찬가지예요. 커다란 개가 나오길 바란다면 가장 큰 암컷과 가장 큰 수컷을 골라 짝짓기를 시키면 돼요. 바로 그래서 지금 여러분이 다양한 모양과 크기의 개들을 볼 수 있는 거예요. 무게가 고작 설탕 한 봉지만큼 나가는 아주 작은 치와와부터 70kg은 거뜬히 넘는 커다란 올드 잉글리시 마스티프까지.

여러분과 집게벌레의 조상은 같을까요?

다양한 종이 어디서 나왔는지, 곰곰이 생각하는 동안 다윈은 인구 증가에 대한 책을 읽게 됐어요. 다윈은 정말이지 여러 가지에 관심이 많았나 봐요. 바로 이 책이 새로운 통찰을 하게끔 해 주었지요. 그건 다윈을 세계적으로 유명하게 만들어 줄 통찰이자 모든 시대를 통틀어 가장 대단한 과학적 이론으로 이끌 통찰이었어요. 어떻게 이토록 다양한 생명체가 지구에 살게 되었는지 해명해 내는 데 도움이 되는 통찰이자 어째서 여러분과 해파리와 집게벌레 모두에게 똑같은 조상이 있는지 밝혀 주는 통찰이었답니다. 그 통찰은 다음과 같아요. "인구는 그들이 먹고 살 수 있는 식량보다 더 빨리 늘어난다."

네? 뭐라고요? 그게 다예요? 그게 그렇게 대단해요? 그럼요!

이 간단한 문장 속에는 매우 깊은 뜻이 담겨 있어요. 여러분이 갈라파고스 군도의 섬에 사는 다윈의 핀치(사람들은 나중에 다윈이 발견한 새들을 이렇게 불렀어요.)라고 상상해 보세요. 섬마다 새들이 먹을 수 있는 먹이의 양은 한정돼 있겠지요. 곤충이나 씨앗이나 열매가 한없이 많지는 않으니까요. 어떤 해에는 먹을 게 넉넉하겠지만 또 조금 빠듯한 해도 그만큼이나 자주 있을 거예요. 어쨌든 먹이의 양은 늘어나도 아주 조금씩 늘어나요. 하지만 핀치의 개체 수는 몇 배나 더 빨리 늘어날 수 있어요. 핀치는 해마다 새끼를 세 마리쯤 낳아요. 이 세 마리가 또 새끼를 세 마리씩 낳는다면 아홉 마리예요. 그 정도야 견딜 만하겠죠. 하지만 그다음 해에는 모두 합쳐서 새끼를 27마리 낳아요. 그다음 해에는 81마리, 그다음 해엔 243마리, 그리고 나선 729마리, 그다음 해에는 2187마리, 그리고 나선 6561마리, 그다음엔 1만 9683마리. 그러다 보면 10년 안에 섬 전체가 거대한 다윈의 핀치 새장이 되고 말 거예요. 하지만 그런 일은 실제로 일어나지 않아요. 모든 핀치가 다 먹을 만큼 먹이가 충분하지 않기 때문이죠.

어떤 동물이 살아남고 어떤 동물이 죽을까요?

모든 핀치가 살아남진 못하고 많이 죽을 거예요. 그렇다면 어떤 새들이 살아남을까요? 허약하고 비실거리는 새들은 오래 견디기 힘들지요. 살아남는 건 어떤 새들일까요? 그 섬에 핀치를 잡아먹는 매가 많다면 보호색으로 자신을 잘 숨기는 핀치들이 매의 발톱에서 벗어날 확률이 더 높겠죠. 매는 적은 반면, 견과류와 씨앗이 많다면 부리가 튼튼한 새들이 살아남을 확률이 더 높을 거예요. 만약 곤충이 많다면 그걸 재빨리 잡는 새들이 성공적이 겠지요. 중요한 점은 바로 갈라파고스 군도의 섬들은 제각각 조금씩 다르다는 사실이에요. 어떤 섬에서는 다른 섬에는 없는 식물들이 자라나요. 또 어떤 섬에는 다른 섬에서 볼 수 없는 매들이 있어요.

- 4부 -

어떻게 한 가지 핀치에서 두 가지를 만들까요?

갈라파고스 군도에 있는 새들을 모두 쫓아내고 우리 숲에 사는 딱 한 가지 종류의 핀치를 풀어놓는다고 상상해 보세요. 그럼 어떤 일이 일어날까요? 처음에는 그리 많은 일이 일어나지 않아요. 핀치들은 다 비슷비슷해 보일 거예요. 색도 부리 모양도 식습관도 거의 똑같아 보여요. 그러다 다들 조금씩 달라져요. 매가 많은 섬에서는 깃털 색이 주위 환경의 색이랑 비슷한 새가 살아남을 확률이 더 높을 거예요. 그 새들의 후손에게도 같은 법칙이 통하겠지요. 그러다 보면 깃털 색이 주위 환경에 잘 맞는 새들만 살아남을 테고 몇십 년 지나지 않아 처음과는 다른 색깔의 핀치가 나타날 거예요. 다른 섬에서도 부리 모양이나 식습관에 따라 비슷한 일들이 일어날 테지요. 시간이 오래 지나면 지날수록 핀치들은 서로 더욱 달라지겠죠. 처음에는 딱 한 가지 종이었지만 차차 다양한 종으로 갈라져서 열다섯 가지는 우습게 넘을 수 있어요. 결국 너무 달라져서 서로 교배를 해도 자식을 낳지 못할 지경에 이를 테지요.

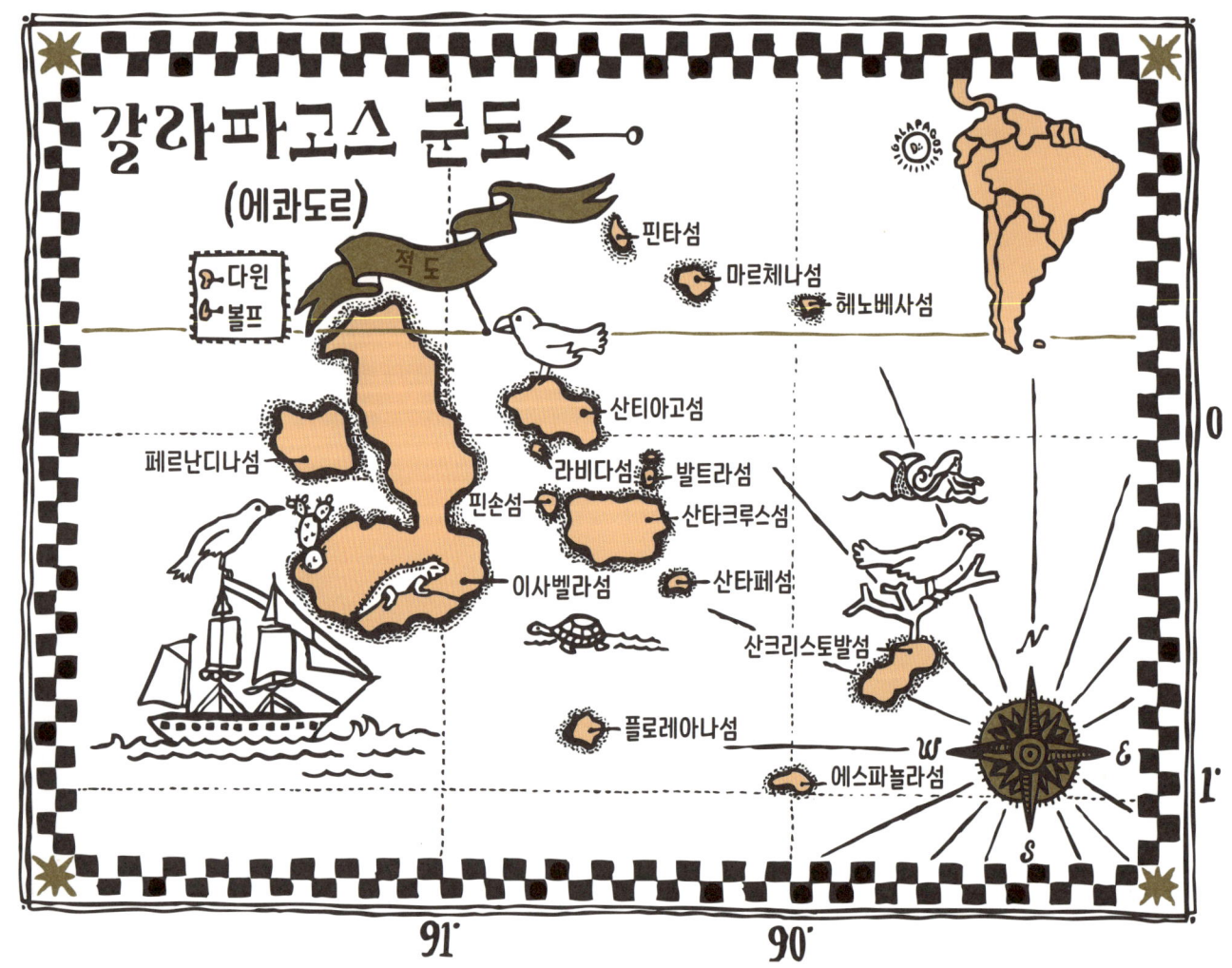

지구의 모든 생물이 하나의 조상으로 거슬러 갈까요?

다윈이 발견한 것 가운데 가장 중요한 사실은 동식물은 시간이 흐르면서 바뀔 수 있다는 사실이에요. 하루아침에 딱 바뀌는 건 아니지만, 주변 환경의 변화에 따라 수십 년, 수백 년, 수천 년 또는 수백만 년이 지나면서요. 지구의 환경은 끊임없이 변해요. 대부분 얼음으로 덮여 있던 때도 있었고 북극과 남극의 얼음까지 다 녹았던 때도 있었어요. 옛날에는 평평했던 곳이 산악 지대가 되고 바다가 말라서 사막이 되기도 하죠. 얼어붙은 땅이 녹아서 밀림이 생기기도 해요. 물론 그 반대도 가능하지요!

지구 환경이 변할 때는 지구에 사는 것들도 모두 같이 변해야 해요. 변화에 가장 잘 적응하는 종이 살아남을 확률이 가장 높으니까요. 변화를 다른 말로 '진화'라고 해요. 그래서 다윈이 발견한 이론을 '진화론'이라고 하지요. 지금까지는 핀치만 다루었지만, 다윈은 모든 종류의 동식물 사이에 일관성이 있다는 사실을 발견했어요. 다윈은 모든 종에게는 하나의 공통적인 조상이 있었을 거라고 했어요. 시간이 지나면서 그 조상으로부터 나무가 가지를 치듯 여러 갈래로 갈라지며 후손이 나왔다는 거죠. 나뭇가지가 아무리 울창해도 몇십억 년 전까지 충분히 오래 거슬러 간다면 모두 하나의 공통적인 조상에 닿는다는 거예요.

다윈이 책을 펴내기까지 왜 20년이나 걸렸을까요?

처음에 진화론은 다윈의 아이디어일 뿐이었어요. 다윈은 몇 년 동안이나 그 아이디어에 대해 곰곰이 생각했지요. 결국 다윈은 책을 쓰기로 했어요. 물론 이 책이 과학계를 뒤집어엎으리라는 사실을 잘 알고 있었어요. 학자들도 그렇지만 기독교도들이 좋지 않게 보리라는 사실도 충분히 인지했죠. 그래서 가능한 한 더 많은 증거를 찾아내려고 20년 동안이나 자료를 모으고 책을 읽으며 공부를 했어요. 여러분 모두가 생각하는 것처럼 다윈이 공식적으로 과학자로 인정받은 건 아니었어요. 하지만 대학에 몸담은 대부분의 학자들보다 더 많은 것을 알게 되었지요. 아마도 상황이 급격히 달라지지 않았더라면 다윈은 몇 년 동안이나 더 증거를 모았을 거예요.

- 4부 -

사람들은 다윈이 미쳤다고 생각했을까요?

1858년 6월 18일 다윈과 서신을 주고받아온 앨프리드 러셀 월리스가 다윈의 집에 편지를 보냈어요. '원형으로부터 무한정 이탈하는 변형의 성향에 관하여'라는 논문이 동봉돼 있었어요. 그러니까 다윈이 벌써 20년째 하는 연구와 완전히 똑같은 내용이었어요. 아마존과 동남아의 동물 생태를 관찰하며 독학으로 진화론을 연구한 월리스가 자신의 이론을 정리해 당시 지식인 사회의 유명 인사인 다윈에게 검토를 요청한 것이에요. 그동안 대강의 이론화를 마치고도 발표를 망설이고 있던 다윈은 서둘러 진화론을 학회에 발표했어요. 월리스의 이름을 공동으로 올려서요. 학회 참석자들은 별 반응이 없었어요. 화를 내지도 않고 비판하지도 않았죠.

이제 모든 사람이 다윈을 믿었을까요?

다윈은 학회 사람들의 미적지근한 반응이 오히려 마음 편했어요. 하지만 서둘러서 책을 펴내야겠다는 결심을 굳혔어요. 그로부터 1년 뒤 다윈의 걸작 《종의 기원》이 출간됐어요. 여러분은 이 장의 처음에서 그 책에 대한 반응 가운데 몇 가지, 특히 부정적인 것들을 읽었어요. 하지만 대체로는 기대보다 반응이 좋았어요. 다윈은 누구라도 인정할 수밖에 없을 정도로 강력한 증거를 들어 자기 이론을 뒷받침했거든요. 그래서 모두가 앞에 적힌 것처럼 심술궂게 반응하지는 않았지요. 다른 입장들도 여기 적어 볼까요.

- "우리가 원숭이 후손이라고! 세상에! 사실이 아니길 바라자. 만약 사실이라면 아무도 모르길 바라자!"
- "사람들은 다윈의 책을 웃음거리로 만들고 싶어 한다. 하지만 나는 헛소리나 거짓말로 진화의 역사를 우습게 만드는 사람보다는 차라리 원숭이의 후손이고 싶다."
- "아주 멋진 책이다. 다만 비둘기에 대해 더 많은 지면을 할애하지 않아서 아쉽다. 누구나 비둘기에 대해 더 알고 싶어 한다. 다윈이 비둘기에 대해 더 자세히 썼다면 이 책은 훨씬 더 잘 팔렸을 것이다."
- "갈릴레오 갈릴레이가 천문학에, 아이작 뉴턴이 물리학에 한 역할을 찰스 다윈이 생물학에 했다."
- "이는 모든 시대를 통틀어 가장 멋진 과학적 아이디어다."

다윈의 책은 뜨거운 관심 속에서 폭발적으로 팔렸어요. 출간된 지 어느덧 150년이 흘렀지만 여전히 많이 읽히지요. 다윈은 그 책으로 세계적으로 유명해졌을 뿐만 아니라 모든 시대를 통틀어 가장 위대한 과학적 발견자로 꼽혀요. 다윈은 진화론뿐만 아니라 온갖 다양한 문제에도 몰두했어요. 예를 들어 우리가 유령과 대화할 수 있다고 생각해서 이를 증명하려고도 했지요. 많은 사람이 다윈을 제 정신이 아니라고 생각했어요. 그래도 다윈은 여전히 과학 분야에서 아주 중요한 지성인으로 통해요.

모든 종이 점점 더 나아지고 있을까요?

진화론은 아직 다 마무리되지 않았어요. 여전히 다윈을 믿지 않는 사람들이 많지요. 진화는 믿을 수 없을 만큼 까다로운 주제랍니다. 그래서 다윈도 충분한 증거와 논거를 찾기 위해 그토록 긴 시간을 보낸 거죠. 다윈의 이론은 언뜻 보기에 논리적이지만, 오래도록 곰곰이 생각하다 보면 그리 쉽게 설명할 수 없는 복잡한 문제도 많이 있어요. 예를 들어 볼까요? 지구 위에 나타난 최초의 세포에는 눈이 없었는데 그건 어떻게 생겨났을까요? 어떻게 간단한 세포 하나가 사람이나 코끼리가 된 거죠? 모든 것이 진화를 통해 점점 더 나아지고 있는 걸까요?

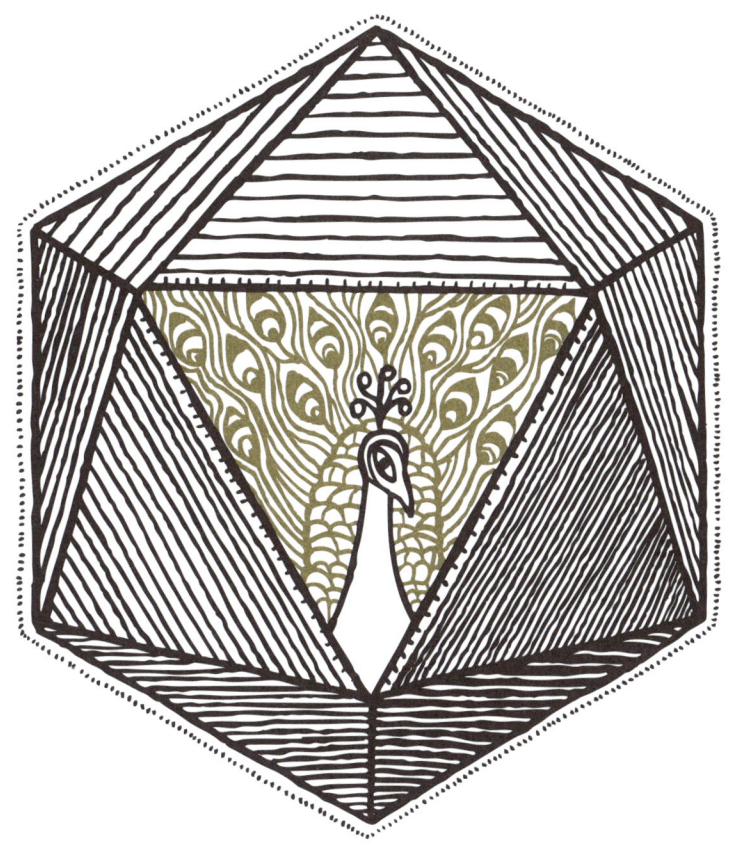

— 5부 —

진화의 요약

- 5부 -

새로운 종은 어떻게 생겨날까요?

다윈의 진화론을 아주 간단하게 보여 줄게요. 우선 흰 종이를 꺼내 50원짜리 동전만 한 동그라미를 손으로 그려 보세요. 이 책은 동그라미를 다 그린 다음 계속 읽어도 돼요. 동그라미 하나를 망쳤다고요? 괜찮아요, 종이 한 장을 다 채울 때까지 그냥 계속 그려 봐요.

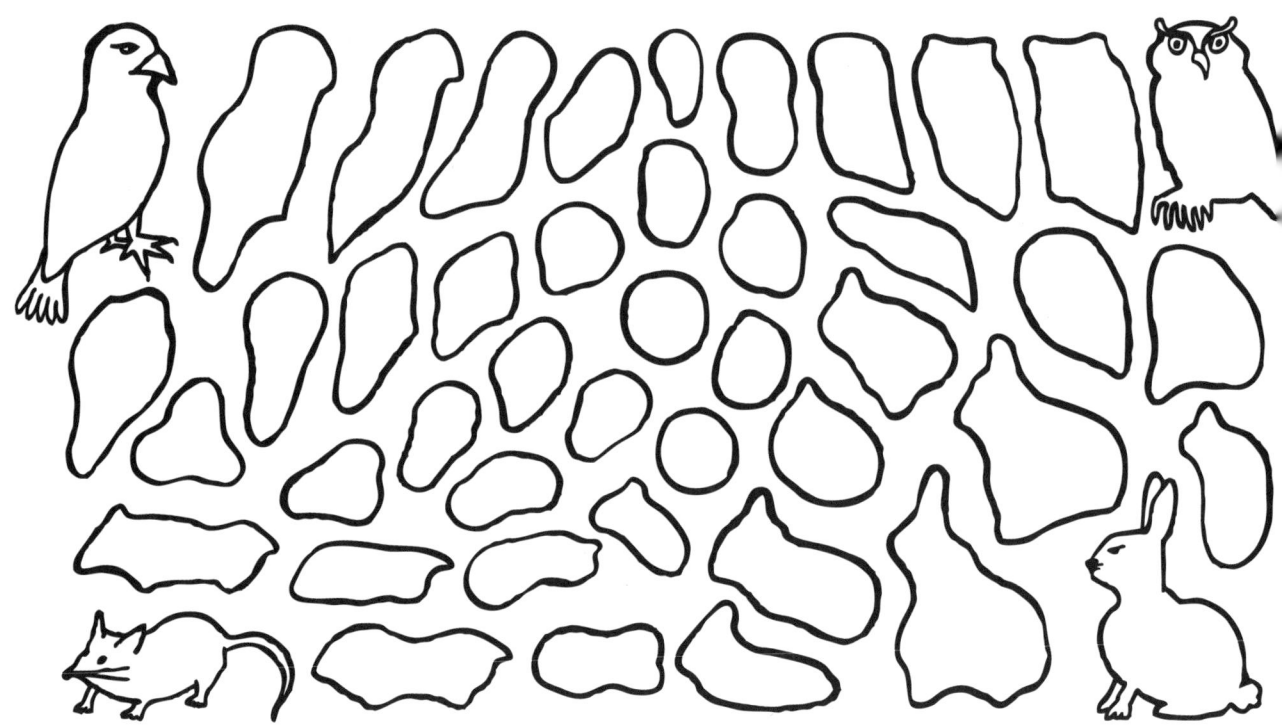

다 그렸어요? 동그라미가 종이에 가득 들어찼나요? 그럼 이제 이 책을 계속 읽어요.

여러분은 엇비슷한 동그라미를 잔뜩 그렸어요. 그래도 어떤 동그라미는 더 크고 어떤 동그라미는 덜 동그랗고 또 어떤 동그라미는 한쪽이 옴폭 패어 들어갔을 거예요. 이제 상상을 해 봐요. 이 동그라미들이 살아나서 짝을 지어 새끼를 낳는다고요. 그런데 한 포식 동물이 거기 있어서 커다란 동그라미를 잡아먹고 싶어한다고요. 다른 동물을 잡아먹는 동물을 포식 동물이라고 해요. 그런 포식 동물이 있다면 작은 동그라미들이 살아남을 가능성이 더 클 거예요. 작은 동그라미들이 새끼를 낳으면 그 가운데 더 작은 동그라미들이 살아남을 가능성이 더 클 테고요. 반면 커다란 동그라미들은 일찍 죽을 확률이 높지요. 그러다 보면 언제나 작은 동그라미들이 더 많이 남겠죠. 만약 포식 동물이 작은 동그라미들을 잡아먹으려고 한다면 시간이 지나면서 동그라미가 점점 더 커질 거예요. 어느 쪽이든 비슷한 일이 일어나요. 결국 처음의 동그라미와 전혀 다른 새로운 종이 생겨나죠. 아주 간단하지요?

동식물의 경우도 마찬가지예요. 새끼들은 부모를 닮았으면서도 다들 조금씩 서로 달라요. 이런 작은 차이는 살아남는 데 유리할 수도 있지만 불리할 수도 있어요. 그 후손 전체의 성공과 실패가 거기 달려 있지요.

왜 어떤 종은 다른 종보다 더 빨리 변할까요?

지금 살아 있는 종이 진화의 완성품은 아니에요. 환경이 달라지면 거기 서식하는 종도 달라져요. 어떤 지역은 빠르게, 또 어떤 지역은 느리게 달라지지만 지구의 많은 지역이 달라지고 있다는 건 확실해요. 기온이나 강수량의 변화는 바다나 깊은 땅속보다는 땅 위에서 더 많은 영향을 미쳐요. 기온이나 강수량이 달라지면 그 결과가 땅 위에 있는 동물한테서 바로 드러난답니다. 동물들이 사라지거나 달라지는 거지요. 그래서 땅 위에는 인간처럼 '최근에 생겨난' 종이 사는 거예요. 바닷속에는 해파리나 지렁이처럼 아주 오래전 몇십억 년 전부터 존재했던 동물들이 있는 거고요.

기후는 종이 변하는 중요한 이유 가운데 하나예요. 토끼를 떠올려 볼까요. 날씨가 추워지고 눈이 자주 내리면 밝은색 털이 난 토끼들이 포식 동물의 눈에 잘 띄지 않아요. 그럼 밝은색 토끼들이 점점 늘어날 거예요. 그 토끼들이 새끼를 낳으면 그 가운데에서도 더 밝은색 털을 가진 새끼들이 살아남을 확률이 높을 테고요. 그러니까 토끼들 색깔은 점점 더 밝아지다가 언젠가는 모든 토끼가 눈처럼 새하얘지겠죠. 그런데 몇백 년이 지난 뒤 날씨가 점점 따뜻해지면서 바닥에 있던 눈이 다 녹고 바닥에 흙이 드러나 갈색이 된다면 어떻게 될까요? 그럼 토끼들은 점점 더 갈색에 가까워질 거예요.

혹은 날씨가 추울 때 따뜻한 곳을 찾아 남쪽으로 옮겨 간 토끼들도 있을 거예요. 그 토끼들은 굳이 하얗게 될 필요가 없으니까 그냥 갈색으로 남아 있겠죠. 하지만 추운 지역에 머물러 있던 토끼들은 하얗게 되겠지요. 결국 하얀색 토끼와 갈색 토끼라는 두 가지 종이 생겨나요. 진화론에서는 이렇게 하나의 종에서 둘 이상의 더 많은 종이 생겨날 수 있다는 사실이 아주 중요합니다. 그렇게 생겨난 동물들이 짝짓기를 해서 건강한 새끼를 낳지 못할 만큼 달라진다면, 그 동물들은 다른 종이 된 거예요.

토끼의 경우처럼 진화는 우리 눈앞에서 실제로 일어나고 있어요. 200년 전 런던은 정말이지 끔찍하도록 더러운 도시였어요. 석탄을 태운 연기가 믿을 수 없을 만큼 꽉 차서 모든 건축물을 더럽히고 색깔을 어둡게 만들었지요. 그 시대에는 석조 건축물이랑 색이 비슷한 어두운 색깔의 나방이 많았어요. 그러다 런던이 점점 깨끗해지자 이 나방들은 멸종했어요. 오늘날에는 깨끗한 석조 건축물의 색깔과 비슷한 밝은색 나방이 눈에 많이 띄어요.

진화는 이렇듯, 어느 정도 예측할 수 있는 것처럼 보여요. 여기서는 '보인다'는 말을 강조해야 해요. 자연에는 이상한 일도 일어나니까요······.

- 5부 -

뭐라고요? 꼭 가장 강하고 좋은 게 살아남는 건 아니라고요?

이제 여러분은 환경에 잘 적응한 종이 살아남을 확률이 가장 높은 게 사실이라고 생각하죠? 바로 앞 장을 읽었다면 아주 논리적인 판단이에요. 왜 안 그렇겠어요? 백상아리를 봐요. 백상아리는 몸길이가 최대 6.5m까지 자라는 위험한 포식 동물이에요. 수백만 L의 물에 피 한 방울만 섞여 있어도 그 냄새를 맡고 가뿐하게 시속 40km로 헤엄쳐 와서는 먹잇감을 향해 안쪽으로 굽은 날카로운 이빨을 들이대지요. 백상아리가 움직이는 걸 보면 탁월한 사냥꾼이 수억 년에 걸쳐 진화한 결과 더 빠르고 강해진 모습을 보는 것만 같아요.

이런 걸 적자생존이라고 해요. 가장 잘 적응한 개체가 살아남는다는 뜻이에요. 그렇지만 그게 언제나 가장 좋은 결과로 이어지는 것은 아니랍니다. 먹는 게 취미인 얀 그로스를 본 사람이라면 이 아저씨가 수십억 년에 걸친 진화가 만든 최고의 결과물은 아니라는 사실을 금방 알 거예요. 얀 그로스는 배가 불룩 튀어나왔고 안경이 없으면 바로 앞도 제대로 못 봐요. 정글에 데려다 놓으면 아마 일주일도 채 살지 못할 거예요. 그런데 어떻게 적자생존이라는 거죠?

나무는 과연 키가 크길 원할까요?

동물이나 식물이 진화한다고 해서 언제나 더 나아지는 건 아니에요. 그저 달라질 뿐이지요. 항상 가장 적합한 형태를 갖추는 건 아니랍니다. 미국 캘리포니아주에는 아주 커다란 삼나무 한 그루가 있어요. 스트래토스피어 자이언트, 즉 '성층권의 거인'이라고 부르지요. 성층권은 지구를 둘러싼 공기층인 대기권 중의 한 층으로 높이가 11~50km 사이예요. 그만큼 크다는 뜻이죠. 이 미국산 삼나무는 키가 113m, 거의 40층 아파트만큼이나 높아요. 하지만 이 거대한 나무가 자기 마음대로 모양을 고를 수 있었다면 그렇게 높이 자라나진 않았을 거예요. 키가 크면 바람을 많이 받게 마련인데 바람에 이리저리 휘둘리는 게 그리 쾌적한 일은 아니잖아요. 그 나무는 왜 그렇게 커졌을까요? 빛 때문이죠. 나무는 빛이 있어야 양분을 얻을 수 있는데, 울창한 숲에서 거치적거리지 않고 빛을 충분히 받으려면 다른 나무들보다 높이 자라나야 하니까요. 키가 가장 큰 나무가 가장 많은 빛을 받는 법이잖아요. 그래서 나무들이 점점 더 높이 자라는 거예요. 삼나무들이 최대한 10m 40cm까지만 자라자고 서로 말을 맞췄다면 그렇게 무리하지 않아도 됐을 텐데……

왜 토끼는 눈이 나쁠까요?

스트래토스피어 자이언트는 아직 다 자란 것도 아니에요. 전문가들에 따르면 앞으로 20m는 더 자란 다음 성장을 멈출 거래요. 이런 나무는 하루에 물을 수천 L는 마셔야 하지요. 더구나 나무가 너무 커지면 꼭대기까지 물을 끌어올리지 못해요. 아주 작은 일만 일어나도 물이 높이 올라가지 못해서 가지가 뚝뚝 부러지고 말아요. 그래서 나무들은 대개 키가 훨씬 더 작아요. 스트래토스피어 자이언트도 사람들의 예측만큼 자라지 못할 수도 있어요. 이건 근본적으로 균형의 문제라고 할 수 있어요. 나무들은 빛을 충분히 받을 정도 정도로 키가 커야 하지만 또 가지가 부러지지 않을 정도로 키가 작아야 하거든요. 대부분의 종은 이 균형을 맞추는 범위를 찾았기에 더는 달라지지 않아요. 삼나무도 수백만 년 동안 달라지지 않다가 결국 이렇듯 불편한 크기에 익숙해졌지요.

얀 그로스는 종이 언제나 더 나아지는 건 아니라는 사실을 증명하고 있어요. 물론 얀 그로스만 그런 건 아니에요. 모든 동식물은 어딘가 더 나아져야 할 부분이 남아 있어요. 다시 토끼를 생각해 볼까요. 토끼가 지난 수백만 년 동안 계속 나아져 왔다면 지금이랑은 아주 다르게 생겼을 거예요. 하지만 지금 토끼는 토끼를 잡아먹는 천적만큼 눈이 좋지 않아요. 토끼가 눈이 좋으면 다른 동물보다 살아남을 확률이 더 높았을 텐데 왜 지난 수백만 년 동안 개선되지 않았을까요? 여우와 늑대도 살아남아야 하니까 그렇다고요? 아니, 뭔가 다른 것이 더 있어요. 계속 읽어 봐요.

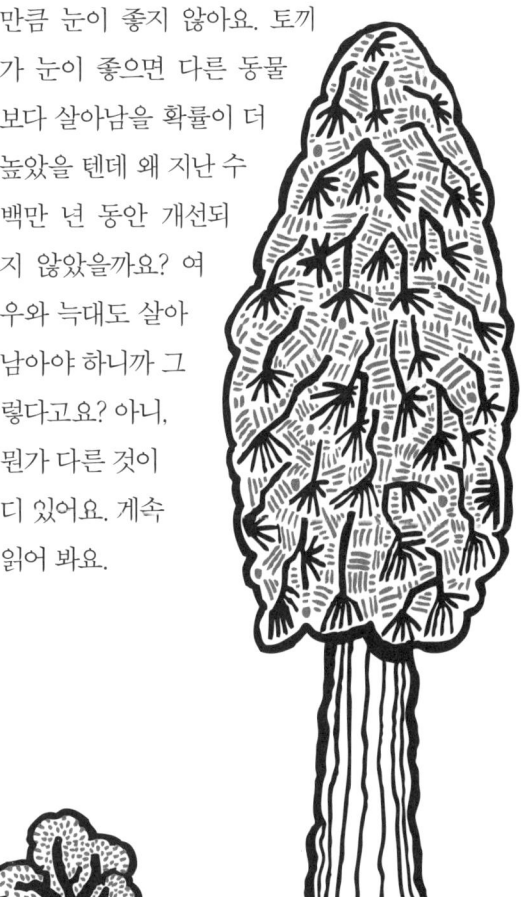

- 5부 -

진화가 뭔가 실수했을까요?

한때 거대한 사슴류가 있었어요. 수컷들의 뿔이 얼마나 컸던지 그 무게 때문에 거의 움직이지도 못할 정도였죠. 어떤 공작새는 꽁지가 무척 길었는데 무려 1m 50cm를 넘었어요. 또 어떤 바우어새는 아름답지만 쓸모없는 예술 작품을 만드느라 몇 달 동안이나 낑낑대며 귀한 시간을 허비했어요. 사슴은 포식 동물이 많은 환경에서 살았어요. 공작새도 마찬가지였고요. 여우나 늑대 떼한테 쫓기다 보면 머리 위에 난 납처럼 무거운 뿔이나 꽁지에 달린 기다란 깃털은 짐이 될 뿐이었지요. 그런데 왜 이렇게 생긴 걸까요? 바우어새는 시간을 더 보람차게 보낼 수는 없을까요? 진화가 뭔가 실수했을까요?

암컷들이 제정신일까요?

다윈은 오랫동안 이 문제를 두고 곰곰이 생각하다가 해답을 찾아냈어요. 모두 암컷들 탓이라는 거지요. 암컷 바우어새는 안전하지만 지루한 둥지를 짓는 수컷을 마음에 들어하지 않아요. 알록달록하고 아름다운 작품을 만드는 조류 세계의 반 고흐나 렘브란트를 좋아하지요. 그렇다고 수컷 바우어새가 제대로 된 둥지를 만드는 것도 아니에요. 둥지로 이용할 수도 없는 일종의 가건물 같은 것을 지을 뿐이에요. 암컷이 나중에 알을 낳으려면 둥지를 직접 다시 지어야 해요. 암컷 공작새는 짝을 고르는 방법이 유별나요. 꽁지덮깃이 길고 아름다운 수컷을 좋아한다니까요. 암사슴은 커다란 뿔이 있는 수컷을 좋아하고요. 암컷들이 좀 더 현명한 결정을 내린다면 자연은 더 합리적으로 발달하지 않을까요?

위에 말한 암컷들은 정말이지 제정신이 아닌 것 같아요! 바우어새만 봐도 그래요. 수컷이 작품을 만드는 방법은 여러 가지이지만 대개 엇비슷해요. 일단 작품을 세울 적당한 자리를 고른 다음 주위에 있는 넝쿨과 나뭇가지에서 잎사귀를 죄다 뽑아내요. 햇빛이 제대로 들게 하려고요. 그런 다음 바닥에 떨어진 나뭇잎과 풀잎을 치우고 거기 수백 개의 나뭇가지로 침대를 만들어요. 바우어새가 나뭇가지들을 어찌나 잘 엮는지, 마치 마룻바닥처럼 꼭 맞아 떨어져요. 그다음 좀 더 긴 나뭇가지들을 꽂아서 벽으로 삼아요. 그리고 더 작은 나뭇가지들로 그 벽을 메워서 몇 cm 두께가 되도록 만들어요. 마지막으로 온갖 알록달록한 물건들로 작품을 장식하지요. 그때 특히 파란색을 좋아한답니다.

새가 원래보다 더 크게 보이려면 어떻게 할까요?

바우어새는 둥지를 온갖 물건들로 장식해요. 예를 들어 여섯 가지 다른 종류의 딸기, 두 가지 견과류, 세 가지 꽃잎, 달걀 껍데기, 버섯, 파충류 껍질과 달팽이 집, 파란색과 분홍색 돌, 알루미늄 포일, 재, 세 가지 색깔의 비닐, 전깃줄, 곤충 껍질, 뼈와 똥으로 장식한 둥지가 발견되기도 했죠. 이 모든 게 둥지 하나에 다 모여 있었다니까요.

바우어새의 작품에는 창의력이 가득해요. 어떤 바우어새는 둥지에 돌을 갖다 놓기도 해요. 그것도 자기가 앉아 있는 앞자리에는 작은 돌을 놓고 뒤에는 좀 더 큰 돌을 놓지요. 무척이나 영리한 일인 게 가까이 있는 돌은 멀리 있는 돌보다 더 크게 보이거든요. 앞에 놓인 작은 돌 위에 앉아 있으면 실제보다 한층 크게 보인답니다. 새들이 착시 현상을 이용하는 거예요. 또 다른 비결이 있는데 작품의 출구를 태양을 향해 내요. 그럼 수컷은 따뜻하게 잘 앉아있으면서 암컷의 눈에도 한결 잘 띄지요.

- 5부 -

왜 암컷은 못된 예술가를 원할까요?

수컷 바우어새는 몇 달 동안이나 신혼 둥지를 지어요. 때로 거의 일 년이 걸리기도 하지요. 아무 쓸모없는 둥지를 짓는 데 이렇게 시간을 낭비하다니, 바우어새는 정말 터무니없이 멍청한 걸까요? 하지만 자기한테 맞는 암컷을 얻을 수 있는 방법은 이것뿐이랍니다. 둥지를 짓는 일은 우리가 생각하는 것보다 훨씬 더 위험하지만 해야만 하죠. 심지어 어떤 바우어새는 선을 넘기도 해요. 특정한 색깔의 깃털을 얻으려고 다른 새를 죽이고 털을 뽑는 거예요. 그러다 중상을 입기도 하지요. 수컷 바우어새는 사랑을 위해라면 정말 뭐든지 희생할 준비가 되어 있나 봐요.

이런 둥지를 짓는 게 쉽지 않은 일이라는 사실을 이제 여러분도 알았죠? 그래서 아주 젊은 수컷, 애송이들은 둥지를 제대로 지을 수 없어요. 우선 다른 새들이 어떻게 하는지 지켜본 다음 꾸준히 연습해서 둥지 짓는 법을 배워 가지요. 바로 그게 중요하답니다. 암컷은 뭘 좀 알아요. 예술 작품 같은 둥지를 보자마자 이건 경험이 많은 수컷이 지었다는 사실을 딱 알아차리죠. 그러니까 잘 살아남을 수 있고 아름다운 작품을 만들 만큼 여유로운 수컷 말이에요. 그런 수컷은 건강하고 힘이 세겠죠. 누군들 그런 짝이랑 아기를 낳고 싶지 않겠어요.

왜 공작의 꽁지덮깃은 그토록 길까요?

공작새는 상황이 좀 달라요. 수컷 바우어새는 위험할 때 쉽게 도망칠 수 있지만 수컷 공작새한테는 기다란 꽁지덮깃이 있어서 그러기엔 무척이나 어려워요. 하지만 암컷에게는 바로 그 꽁지덮깃이 매력 포인트예요. 가장 인기 있는 공작새한테서 꽁지덮깃을 잘라내면 아무도 관심을 두지 않아요. 그런데 볼품없는 수컷에게 이 꽁지덮깃을 붙이잖아요? 그럼 갑자기 암컷들이 구름처럼 모여들어요. 고작 가짜 꽁지덮깃 때문에. 대체 왜 그럴까요? 아프고 허약한 공작새한테는 절대 길고 아름다운 꽁지덮깃이 없기 때문이지요. 아픈 공작새는 꽁지덮깃이 초라하지만 건강한 공작새는 그렇지 않아요. 건강한 공작새는 꽁지덮깃이 아무리 길어도 살아남을 수 있어요. 아름다운 공작새는 강하고 영리하고 건강할 수밖에 없어요. 그러니까 짝을 지어 아기를 낳기에 아주 적절한 후보자랍니다. 다른 새들도 마찬가지죠. 유럽울새는 가슴이 가장 붉은 수컷이 제일 적응을 잘한 거예요. 바우어새는 깃털이 가장 길고 알록달록한 수컷이 제일 건강하고요. 암컷들은 절대 정신이 나간 게 아니에요. 오히려 정반대지요.

그런데 큰뿔사슴은 왜 멸종했을까요?

거대한 뿔을 지닌 큰뿔사슴은 어떻게 된 걸까요? 멸종했잖아요. 큰뿔사슴도 먹을 게 많았을 때는 아주 잘 지냈어요. 그건 공작새나 바우어새도 마찬가지예요. 쉽고 빠르게 먹이를 구할 수 있는 지역에 살았지요. 그렇지만 갑자기 먹을 게 줄어들면 커다란 문제가 생겨요. 큰뿔사슴의 경우가 그랬어요. 날씨가 추워지면서 먹이가 줄어들자 수컷들에게 뿔은 짐이 되어 버렸어요. 뿔이 작은 다른 사슴들은 멀리 돌아다니면서 먹이를 구했지만 큰뿔사슴은 멸종하고 말았어요. 자연의 모든 것은 조화가 중요해요. 그건 나무의 높이나 공작새 꽁지의 길이, 사슴뿔의 무게에도 통한답니다.

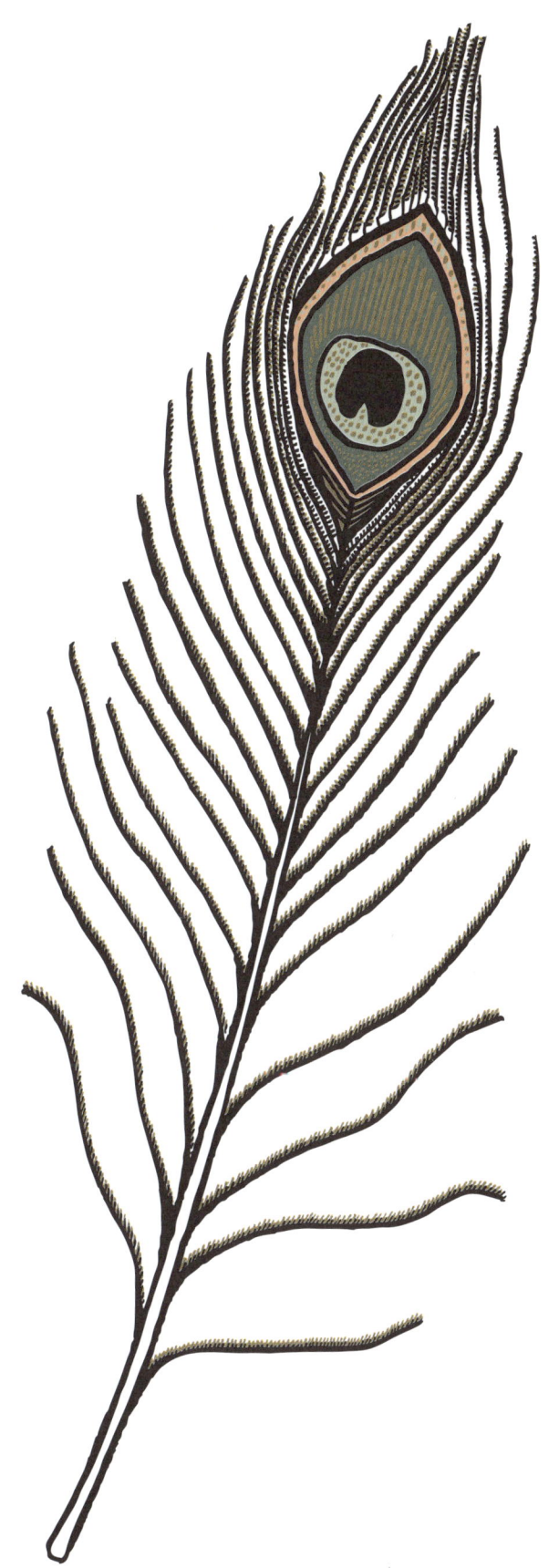

- 5부 -

왜 수백만 년 진화했는데도 완벽하지 않을까요?

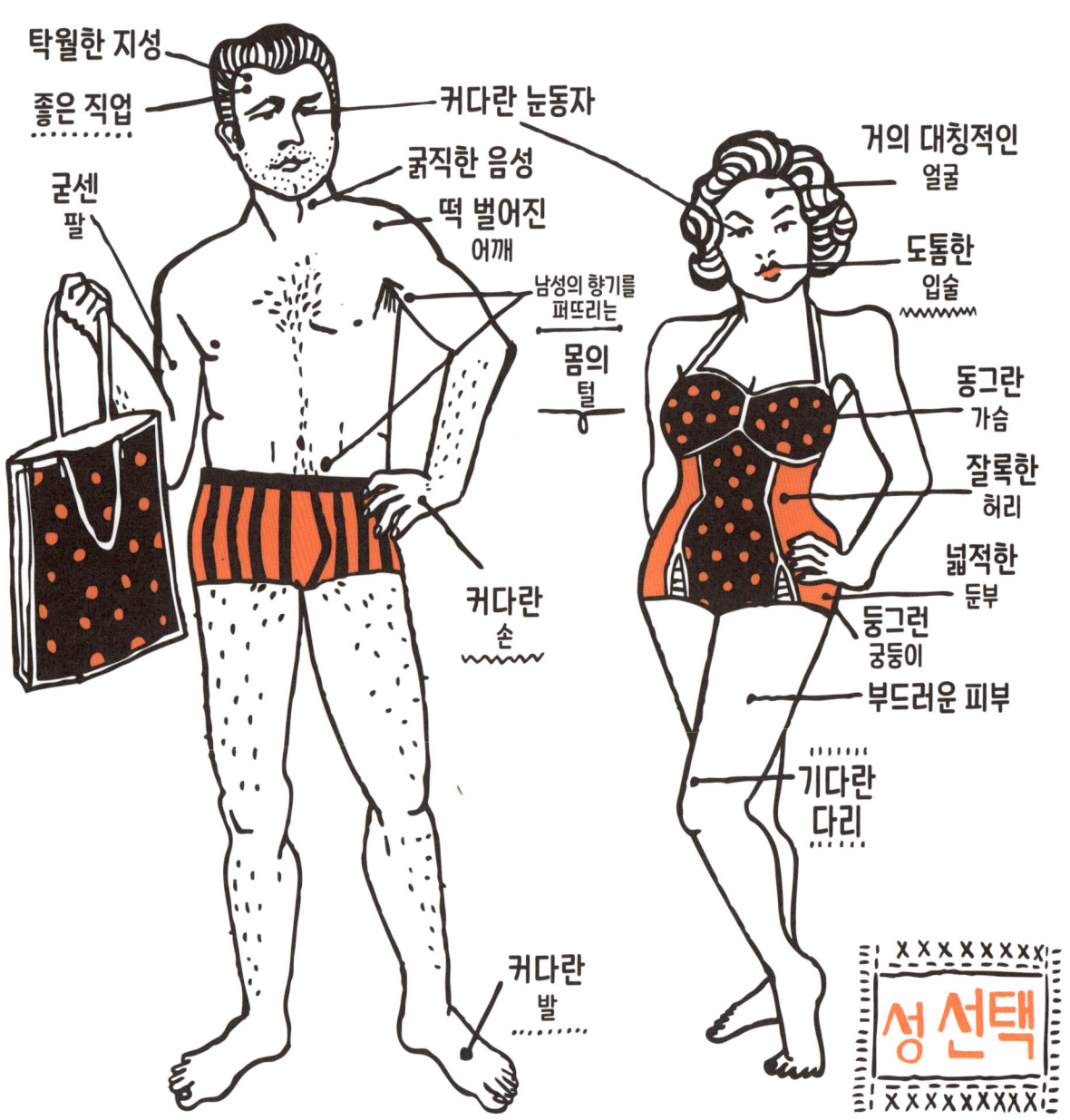

자연에서는 누구와 짝을 짓고 아기를 낳을 것인지 대개 암컷이 결정해요. 암컷이 진화에서 매우 중요한 역할을 한답니다. 그래서 자연의 생물들은 생존에 큰 도움이 되지도 않는 면을 발달시키기도 하죠. 다윈은 이것을 '성 선택' 또는 '자웅 선택'이라고 했어요. 다윈은 성 선택을 '적자생존'과 함께 종 변화의 중요한 이유로 들었어요. 이 두 가지 원칙 사이에는 늘 상호 작용이 일어나요. 진화를 위해 잘 생긴 게 더 나을 때가 있고 빠르고 강한 게 더 나을 때가 있는 거죠.

왜 여자들이 점점 더 아름다워지는 반면 남자들은 그렇지 않을까요?

인간의 경우는 조금 달라요. 남자들은 대개 가장 아름다운 여자를 짝으로 고르지만 여자들은 남자의 외모에 신경을 덜 써요. 똑똑하거나 부유한지, 성격이 좋은지를 더 많이 따져요. 아름다운 여자들은 대체로 다른 사람들보다 더 일찍 남편을 구해서 자녀를 낳아요. 그럼 또 더 예쁜 딸이 태어나 지구상에 많아지죠. 그런데 남자들은 반드시 잘 생길 필요가 없어요. 그건 아들도 마찬가지지요.

여자들이 남자들 외모를 따지지 않는다고 해서 더 똑똑한 걸까요? 글쎄, 꼭 그렇지만은 않을 거예요. 아름다운 사람들은 얼굴이 거의 대칭적이에요. 얼굴을 거울에 비췄을 때 오른쪽 반과 왼쪽 반이 거의 똑같다는 뜻이지요. 그리고 얼굴이 대칭적이라면 건강하다는 신호랍니다. 그러니까 남자들도 실제로는 짝을 정할 때 건강한 후손을 얻기 위해 노력한다는 뜻이에요. 남자들도 똑똑하지요?

슈퍼 토끼는 어떻게 만들어질까요?

성 선택과 적자생존은 진화의 아주 중요한 원동력이에요. 하지만 때때로 이 두 가지는 서로 대립하지요. 그래서 공작새, 바우어새, 얀 그로스 같은 이상한 결과가 나오는 거랍니다. 여러분이 어쩌다 숲속에서 목격한 토끼도 완벽한 동물은 아니에요. 여러분은 성 선택과 환경 적응의 혼합물을 보고 있는 거예요. 어떤 환경에 적응하느냐고요? 번갈아 더워졌다 추워졌다 하는 지구 온난화와 빙하기, 건기와 우기 등의 환경 변화, 수많은 포식 동물과 그 경쟁자들을 멸종시키는 화산 폭발이나 운석 추락, 또 산이나 섬이 새로 만들어지는 등의 지구 변화에 적응하지요. 우리가 토끼 한 마리를 볼 때 아주, 아주 많은 사건의 결과물을 보고 있는 거예요.

토끼가 숲에 살지 못할 만큼 환경이 달라진다면 토끼는 완전히 달라질 거예요. 토끼들은 더 오래, 더 빨리 달릴 수 있어야 할 테고 귀도 더 좋아져야 하겠죠. 새끼들도 눈을 뜨지 못한 채 맨송맨송한 몸뚱이로 태어나는 게 아니라 위장용 털이 달리고 아주 일찍부터 달리고 도망칠 수 있을 테고요. 아, 여러분도 벌써 알아차렸나요? 이런 슈퍼 토끼가 있어요. 바로 산토끼예요! 산토끼와 집토끼가 조상이 같다는 사실은 분명해요. 산토끼와 집토끼는 굉장히 닮았지만 서로 짝짓기를 할 수는 없어요.

— 6부 —

가족을 위한 모든 것

- 6부 -

유전자가 뭔데 지구를 지배할까요?

자, 그럼 이제 우리가 어디쯤 있나요? 진화에서 본질적인 것들은 다 다루었지요? 그게……, 그렇지는 않아요. 자연을 꼼꼼하게 관찰하다 보면 살아남아서 가능한 많은 자손을 낳는 게 중요하다는 법칙에 여러 예외가 있는 것 같아요. 예를 들어 개미를 볼까요?

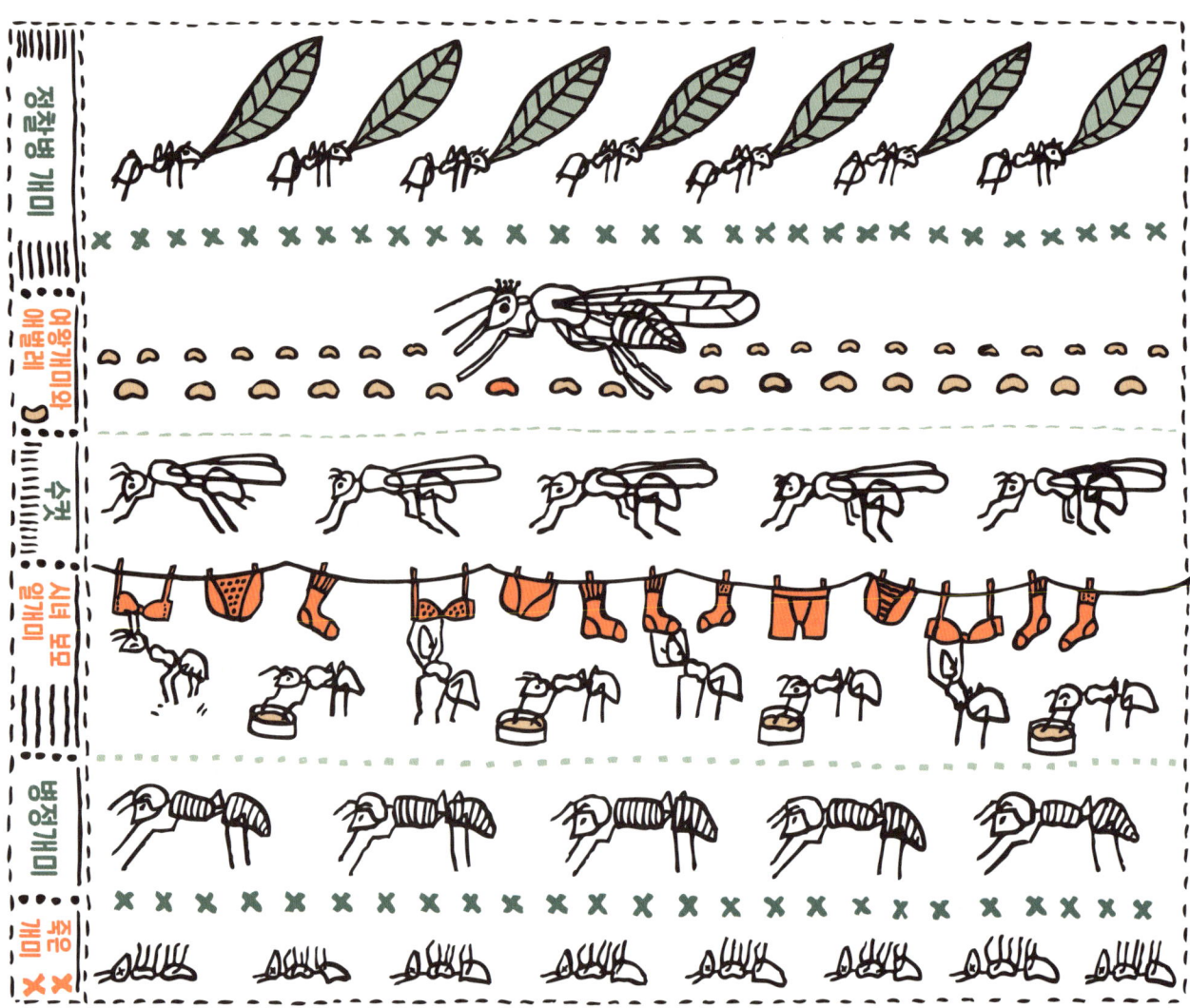

개미는 수많은 동식물 가운데 아주 성공적인 축에 들어요. 어디서나 개미를 볼 수 있지요. 건조한 사막에서, 눅눅한 습지에서, 깊은 정글에서…… 그리고 얀 그로스 집의 찬장에서도요. 이 모든 개미의 무게를 다 합친다면 사람과 코끼리와 코뿔소를 다 더한 무게보다 더 무거울 거예요. 심지어 물속에서도 여러 종류의 개미를 만나요. 불개미들은 자신의 몸으로 뗏목을 엮어서 강을 건널 수도 있어요. 이 나무에서 저 나무로 빨리 옮겨 가기 위해 몸으로 다리를 만들기도 해요. 개미가 생각보다 영리해서 놀랐나요? 하지만 모든 개미들이 다 영리한 건 아니랍니다.

다윈이 틀렸을까요?

개미집에 사는 개미들한테는 여러 가지 직업이 있어요. 알을 낳는 여왕이 있고 여왕을 섬기는 시녀가 있는가 하면 아이와 애벌레를 돌보는 유모가 있어요. 집을 깔끔하게 치우는 일꾼도 있고 그 집을 지키는 병사도 있지요. 그리고 정찰병도 있어요. 이 정찰병들이 특히 멍청한 것 같아요. 정찰병들은 다른 개미들을 위해 목숨을 걸고 식량을 찾아 나서거든요. 동료의 도움을 받지 못하니 개미를 잡아먹는 새나 동물에게 맞설 방법이 없어요. 영리한 개미라면 후손을 많이 남길 수 있는 여왕이 되고 싶을 텐데요. 그게 훨씬 더 확실하잖아요! 그런데 정찰이라는, 생명이 위험한 업무를 떠맡으려는 지원자는 언제나 충분하답니다. 도대체 왜 그럴까요? 정찰병은 일찍 죽는데. 그럼 자손도 못 남기잖아요? 거 참.

개미 이야기를 좀 더 해 볼까요? 개미들은 몸이 아플 때 다시 건강해지겠다고 다른 개미의 간호를 받지 않아요. 소파 위 편안한 자리를 차지하지도 않고 과일 바구니나 치료 약을 받지도 않지요. 그 대신 개미집을 떠나 버려요. 혼자 죽기 위해서! 아픈 개미들은 다른 개미들에게 병을 옮기지 않고 나머지 개미들은 건강하게 남아 있죠. 물론 이런 행동은 매우 배려 깊지만, 아픈 개미들은 혼자 외롭게 죽고 말잖아요. 이런 건 다윈이 상상했던 것과 달라요. 그렇게 죽어버리면 자손도 남길 수 없으니까요.

기꺼이 죽으려는 동물이 있다고요?

이상한 행동을 하는 동물이 또 있어요. 꿀벌을 예로 들어 볼게요. 누구나 벌집에 너무 가까이 다가가면 쏘이기 십상이에요. 벌에 쏘이면 따끔따끔 아프기도 하지만 여러 가지 다른 문제가 일어날 수 있어요. 그러니까 벌을 성가시게 굴 생각은 하지 않는 게 좋아요. 그랬다가는 다리야 날 살려라 도망쳐야 할 테니까요. 어쩌면 몸 곳곳이 퉁퉁 부어오를지도 모르죠. 하지만 벌에 쏘인 여러분이 제일 불쌍하다고 생각하진 말아요. 여러분을 쏜 벌은 훨씬 더 힘들답니다. 그 벌은 여러분을 찌르면서 침을 잃어버리고 그 상처 때문에 며칠 안에 죽고 말아요. 벌집에 있는 다른 벌들을 위해서 거룩하게 자기 목숨을 희생한 셈이죠. 아주 친절한 일이지만 영리한 행동은 아니에요. 벌은 대체 왜 그렇게 할까요?

- 6부 -

왜 유전자가 이렇게 중요할까요?

벌이나 개미는 왜 집단을 위해서 희생할까요? 이 질문에 대답하기 위해서는 벌집에 있는 모든 벌이 서로 친척이라는 사실을 알아야 해요. 개미도 마찬가지예요. 일꾼, 병사, 유모는 모두 자매랍니다. 여왕벌은 그들의 엄마고요. 유모가 돌보는 아기들은 어린 여동생이고 가끔 남동생도 있어요. 두 개의 개미 왕국, 그러니까 두 가족이 있다고 상상해 봐요. 첫 번째 가족에서는 모든 개미가 자기만 생각해서 누구도 정찰병이 되려고 하지 않아요. 하지만 두 번째 가족에는 정찰병 역할을 하는 개미들이 있어요. 첫 번째 가족은 아무도 식량을 찾으려 하지 않으니까 곧 멸종할 테지만 두 번째 가족은 잘 먹고 잘 지낼 거예요. 이 개미들은 계속 살아남을 테지요. 간단히 말해서 진화는 단순히 어떤 생물 한 마리뿐만 아니라 그 생물 가족 모두의 성공과 생존 가능성이랑 관련이 있어요. 가족 구성원 하나하나가 전체 가족을 위해서 좋은 역할을 한다면 그 가족은 더 쉽게 살아남지요. 그 역할이 목숨을 걸어야 할 만큼 위험해도요.

메시의 아들은 뛰어난 축구 선수가 될까요?

벌과 개미는 몸만이 아니라 행동 역시 진화의 결과라는 걸 보여 주어요. 인간도 마찬가지예요. 만약 여러분의 코가 약간 이상하게 생겼거나 다리가 좀 휘었다면 그 특징은 조상에게 물려받았을 가능성이 커요. 여러분의 행동 역시 진화를 통해 지금 이 상태에 이른 거예요. 재능도 마찬가지예요. 아주 뛰어난 운동선수들은 아빠나 엄마가 운동을 잘하는 경우가 많아요. 그런 부모가 운동을 잘하게끔 자녀를 교육시킨다면 뛰어난 운동선수가 될 확률이 커지지요. 최고 수준의 운동에서는 교육과 훈련만으로 충분하지 않아요. 타고난 재능도 있어야 해요. 음악가나 학자도 마찬가지예요. 그렇다면…… 우리 몸 어디에 재능이 숨어 있는 걸까요? 여러분이 무엇을 할 수 있는지, 어떻게 행동하는지는 누가 아니면 무엇이 결정하죠?

유전자는 무엇을 할까요?

얀 그로스는 아버지 요한 그로스와 아주 닮았어요. 체격도 비슷하고 머리카락은 둘 다 가는 편이고 피부가 햇빛에 잘 타는 편이에요. 심지어 두 사람은 자세나 걸음걸이도 비슷해요. 과학자들은 그게 '그들의 유전자'에 들어 있다고 말해요. 유전자는 세포의 일부분으로 모든 생명체에 들어 있어요. 눈동자 색깔, 부리, 꼬리 길이 등을 결정하지요. 간단히 말해서 유전자가 모든 것을 결정하지는 않지만 아주 많은 것을 결정해요.

이미 말했듯 유전자는 세포 속에 있어요. 살아 있는 모든 세포에서 없어선 안 되는 성분이지요. 여러분 몸속의 세포에는 유전자가 각각 3만 개쯤 있어요. 이 유전자는 세포가 어떤 일을 해야 하는지 결정해요. 우리 머리카락에도 여러 가지 유전자가 있어요. 머리카락이 어두운 색일지 밝은 색일지 결정하는 유전자, 머리카락이 곧을지 곱슬곱슬할지 결정하는 유전자, 머리카락이 두꺼울지 가느다랄지 결정하는 유전자 등등 다양한 유전자가 있답니다. 마찬가지로 눈동자 색깔을, 코의 길이를 그리고 신체 모든 부분의 형태를 결정하는 유전자가 있어요. 행동이나 재능도 부분적으로 유전자에 의해 결정되지요. 그럼 이제 딱 하나의 질문만 남네요. 여러분은 누구의 특징을 물려받았나요? 아빠의 특징, 아니면 엄마의 특징?

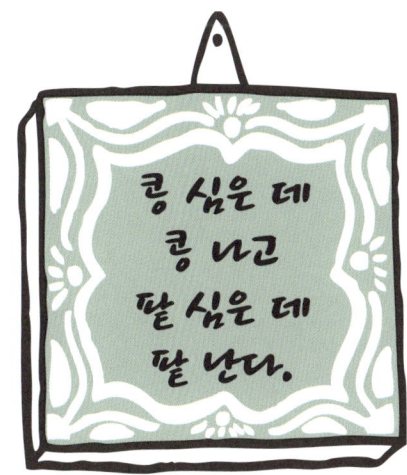

- 6부 -

왜 때로는 죽는 게 의미 있을까요?

무척 아름다운 여배우가 매우 똑똑한 학자에게 함께 아이를 낳지 않겠느냐고 물었어요. "당신의 지성과 내 미모를 물려받는다면 아주 예쁘고 똑똑한 아이가 태어날 거예요."라고 말이죠. 그러자 학자는 이렇게 대답했어요. "그럴 수도 있지만 혹시 내 외모와 당신 지성을 물려받으면 어떡하죠?"

아이들은 누구나 엄마 아빠의 유전자를 가지고 있어요. 하지만 미리 어떤 아이가 태어날지 말하기는 결코 쉽지 않아요. 아이는 아버지의 코를 물려받을까요, 아니면 어머니의 코를 물려받을까요? 아버지의 계산 능력을 물려받을까요, 아니면 어머니의 언어 감각을 물려받을까요? 둘 다 물려받거나 하나도 물려받지 못할까요? 정답은 알 수 없어요. 축구 국가 대표 선수의 아들이라고 모두 뛰어난 축구 선수가 되는 건 아니에요. 그래도 피아니스트가 아닌 축구 선수의 아들이라면 그럴 가능성이 조금 더 높겠지요.

삶보다 더 중요한 게 있을까요?

딱 하나의 세포 속에 3만 개나 들어 있다니, 유전자는 무척 작을 수밖에 없겠죠? 아무리 작아도 유전자는 무척이나 중요해요. 사실 유전자는 여러분의 대장이라고 할 수 있어요. 생김새뿐만 아니라 여러분이 어떻게 행동할지까지 결정하거든요. 개미와 벌한테는 비록 자기가 죽더라도 가족을 위해서 좋은 일을 하게끔 만드는 유전자가 있어요. 이 고귀한 행위로 살아남은 가족 구성원의 유전자는 계속 이어질 거예요. 이 가족 구성원의 유전자는 자기를 희생하는 개미의 유전자와 거의 똑같죠.

너무 복잡한가요? 유전자를 생명체가 중요한 사명을 해내게 하는 정보라고 생각하면 좀 더 쉽게 이해될 거예요. 살아 있는 모든 개미는 고유한 유전자, 즉 고유한 정보를 지니고 있어요. 그런데 어떤 개미 한 마리에 들어 있는 정보는 그 자매들, 즉 다른 개미들에게 들어 있는 정보와 그리 다르지 않아요. 이 정보는 계속 보존되어야 하지요. 물론 개미 한 마리는 언젠가 죽지만 그 전에 자기 정보를 후손에게 넘겨줘야 해요. 아니면 자기랑 똑같은 정보를 지닌 자매들이 살아남아서 후손에게 이 정보를 넘겨줄 수 있도록 도와주어야 하지요. 즉 개미 한 마리의 생명보다 유전자가 더 중요하다는 뜻이에요. 만약 이 개미가 자기 목숨을 바쳐야 가족의 유전자가 계속 전해질 수 있다면? 그럼 목숨까지 내놔야지요.

유전자 때문에 목숨을 바쳐야 한다니 유전자에 화가 날 지경이네요. 어떤 진화학자가 유전자를 '이기적'이라고 한 것도 무리가 아니에요. 유전자는 자기 생각만 하는 것처럼 보여요. 그렇지만 유전자는 생각을 하지 않을뿐더러 살아 있지도 않아요. 유전자는 살아 있는 모든 것에 우연스럽게 커다란 영향을 미치는, 정보 조각일 뿐이에요. 물론 유전자가 이기적이라고 한 진화학자도 그 사실을 알고 있어요.

이제 여러분은 이 책에서 가장 중요하면서도 아름다운 부분을 시작하기 위해서 알아야 할 것들을 거의 다 알게 됐어요. 가장 아름다운 부분이 뭐냐고요? 생명이 처음에 어떻게 생겨났는지, 그리고 지구 위의 가장 단순한 세포에서 오늘날 살아 있는 모든 것이 어떻게 발달했는지 설명하는 대목이랍니다.

- 가족을 위한 모든 것 -

— 7부 —

지구에 생명이 어떻게 생겨났을까요?

- 7부 -

프랑켄슈타인에는 어떤 비밀이 숨어 있을까요?

《프랑켄슈타인》이라는 영국 소설에는 죽은 것을 되살리려는 젊은 과학자가 나와요. 그 과학자는 시체 몇 구로 실험을 하다가 결국 괴물을 만들어 내지요. 책으로 읽으면 아주 흥미진진하고 공포 영화로 만들기에도 딱 좋아요. 하지만 실제로는 말도 안 되는 이야기랍니다. 며칠 동안 죽어 있던 사람을 되살리는 건 절대 성공할 수 없어요. 차라리 레고 블록 상자처럼 생명이 없는 분자들을 모아서 생명체를 만드는 게 더 쉬울 거예요. 그런 일은 실제로 가능하거든요. 그렇지 않다면 지금 여러분이 이 문장을 읽고 있지도 않겠지요.

생명이 어떻게 생겨났는지 밝혀내려면 우리는 지구가 맨 처음 생겨났을 때로 거슬러 가야 해요. 그때 지구는 너무 뜨거웠을 뿐 아니라 독한 가스로 가득 차 있어서 우리가 아는 생명체는 단 하나도 살 수 없었어요. 설사 생명체가 있었다고 해도 지구가 다른 행성이랑 부딪친 순간 죄다 사라졌을 거예요. 어찌나 세차게 부딪쳤는지 아무것도 살아남을 수 없었거든요. 그렇지만 그다음 언제인가 이 죽은 행성 지구에도 생명이 생겨났어요! 지난 수십 년 동안 과학자들은 어떻게 이런 일이 일어났을지 머리를 싸매고 고민해 왔어요. 그 고민에 대한 첫 번째 대답은 이미 찾았답니다.

생명이란 무엇일까요?

생명이 어떻게 생겨났는지, 그 수수께끼를 풀기 전에 우선 생명이 정확하게 무엇인지 알아야 해요. 왜 얀 그로스는 살아 있는데 그의 손목시계는 그렇지 않을까요? 얀 그로스도 그의 손목시계도 둘 다 존재해요. 둘 다 움직이고요. 그리고 둘 다 1만 6천 kg의 바위에 맞는다면 더 작동하지 않을 테지요. 얀 그로스는 생명이지만 그의 시계는 그렇지 않게 만드는 것이 뭔가 있어야만 해요.

이 책의 맨 처음에서 우리는 죽음에 대해 이야기했어요. 살아 있는 모든 것은 죽는다고 했지요. 바로 그래서 짚신벌레랑 최신 로봇을 구별할 수 있어요. 얀 그로스도 마찬가지예요. 얀 그로스는 죽을 수 있지만 그의 시계는 죽을 수 없어요. 하지만 '죽을 수 있다'는 사실이 생명이 무엇인지를 충분히 설명해 주는 건 아니죠. 살아 있는 것들은 살아가는 동안 몇 가지 일을 더 해야만 해요. 살아 있지 않은 것들이 할 수 없는 일들을.

시계가 할 수 없는 일 가운데 하나가 번식하는 거예요. 얀 그로스는 번식할 수 있지요. 그는 아들 얀 주니어와 베르트, 딸 마이케의 아버지랍니다. 그렇지만 번식하는 것으로는 충분하지 않아요. 생명이 없는 물체 가운데도 몇 배로 늘어날 수 있는 게 있거든요. 컴퓨터 바이러스를 생각해 봐요. 컴퓨터 바이러스는 인터넷을 통해 컴퓨터에서 컴퓨터로 퍼질 수 있어요. 컴퓨터 딱 한 대에서 시작해서 하룻밤 사이에 세계 전역의 컴퓨터 수백만 대로 퍼진 바이러스도 있어요. 번식에 대해선 이 정도만 이야기하지요!

지구의 첫 번째 생물은 어디에서 왔을까요?

손목시계는 음식을 먹을 수 없어요. 바늘이 계속 돌게 하려면 매일 태엽을 감아 줘야 해요. 배터리가 들어 있는 손목시계도 있는데 그럼 상황은 벌써 좀 더 복잡해져요. 이런 시계들은 배터리에서 양분을 '먹는' 것처럼 보이잖아요. 또 휘발유를 '마셔 버리는' 자동차를 생각해 봐요. 그러니까 생물과 무생물을 구별할 때 음식을 먹는 것만 기준으로 삼는 건 충분하지 않아요. 그렇지만 먹고 번식하면서 죽을 수도 있는 무엇인가가 존재한다면 그건 분명 '생명'이랑 관련이 있을 거예요. 지구의 오랜 역사에서 언제인가 생명이 없는 분자 더미에서 자그마한 존재가 생겨났어요. 먹고 번식하고 죽는 존재가요. 물론 이런 것은 대단히 놀라운 일이지요. 이 존재는 어떻게 이렇게 느닷없이 나타나 그냥 살기 시작했을까요?

- 7부 -

지구 위 첫 생명의 비밀은 무엇이었을까요?

수십억 년 전 지구가 어땠는지 생각해 보면 그곳에 처음 생명이 생겨났다는 건 얼마나 큰 기적인가요! 우리 행성에는 독성 물질이 가득했고 온도가 너무 높았을 뿐만 아니라 번개가 치고 살인적인 햇빛이 쏟아지는가 하면 운석이 수없이 떨어졌지요. 그렇지만 바로 이 치명적인 조합이 생명체를 낳았답니다. 아미노산은 이런 조건에서만 나타날 수 있거든요. 아미노산은 생명을 가능하게 하는, 분자의 합성물이에요. 살아 있는 건 모두 아미노산으로 만들어졌어요. 아미노산은 모든 세포와 동식물의 구성 요소예요. 아미노산이 없다면 근육도 남아나지 않아요. 그래서 운동하는 사람들이 아미노산을 몸에 잔뜩 집어넣은 다음 그것만으로도 근육이 생기길 바라곤 하죠.

어떻게 시험관에서 생명이 생겨날까요?

아미노산은 혼자서 살 수 없지만 그래도 거의 생명체에 가까워요. 진흙이 찻잔과 가까운 만큼이나 가깝다고 할 수 있죠. 축축한 진흙으로 찻잔 모양을 빚은 다음 가마에 넣고 구워야 비로소 찻잔이 완성되잖아요? 아미노산의 작동 원리도 똑같답니다. 아미노산이 결합해서 단백질이 되죠. 단백질은 살아 있는 존재에만 들어 있어요. 세포를 구성하기 위해 단백질이 필요하거든요. (단백질하니까 달걀이 생각난다고요? 달걀 흰자에 단백질이 많기는 해요.) 사실 우리 온몸은 단백질로 구성되어 있고 식물에도 단백질이 들어 있어요. 박테리아도 단백질로 이루어져 있고요. 간단히 말해서 단백질은 어디에나 있어요. 달걀 흰자에도 들어 있지만 노른자에 더 많이 들어 있지요.

좋아요! 단백질 이야기는 이만하고 아미노산으로 되돌아가 볼까요? 아미노산은 어떻게 생겨났을까요? 과학자 스탠리 밀러도 그걸 알고 싶어 했어요. 그래서 실험 기구를 이용해 수십억 년 전 지구의 상태를 그대로 다시 만들었어요. 실험관에 물을 넣어 바다처럼 만들고 메탄가스, 암모니아 등 유독 가스를 집어넣은 후 물을 75℃까지 데웠어요. 그리고 번개를 흉내 내려고 전기 충격까지 주었지요. 과연 어떤 일이 일어났을까요?

아미노산이 생겨났답니다!

DNA가 뭔데 왜 항상 범죄 영화에 나올까요?

안타깝게도 밀러의 실험에 문제가 발견됐어요. 얼마 전에 과학자들이 생명이 생겨나던 시기의 지구는 밀러가 실험 기구로 만들어 낸 것과는 달랐다는 사실을 알아냈거든요. 그래도 밀러의 실험에는 엄청난 가치가 있답니다. 적절한 환경만 갖춰지면 아미노산이 자연히 생겨날 수 있다는 사실을 증명했으니까요.

이제 다음 단계에 올라서 봐요. 그럼 단백질은 어떻게 생겨났을까요? 간단해요. 리보핵산 덕분에 생겨났지요. 리보핵산은 마치 진흙을 손으로 빚어서 찻잔을 만들 듯 아미노산을 단백질로 결합시키는 분자예요. 그건 빙글빙글 감겨 가는 일종의 타래인데 사실 디옥시리보핵산 타래의 복사물이랍니다. 디옥시리보핵산은……(이런 복잡한 단어를 보니까 짜증이 난다고요? 과학자들도 그랬는지 줄여서 DNA라고 불렀어요. 많이 들어 봤을 거예요. 범죄 영화를 만드는 사람들이 좋아하는 단어지요. 계속 읽다 보면 왜 그런지 알 수 있어요. DNA 분자는 밧줄로 만든 사다리처럼 생겼는데 코일처럼 돌돌 말려 있어요. 과학에서는 그걸 '이중 나선'이라고 불러요.) DNA는 오늘날 지구 위 생명체에게 없어서는 안 된답니다.

- 7부 -

얀 그로스 같은 사람을 어떻게 만들까요?

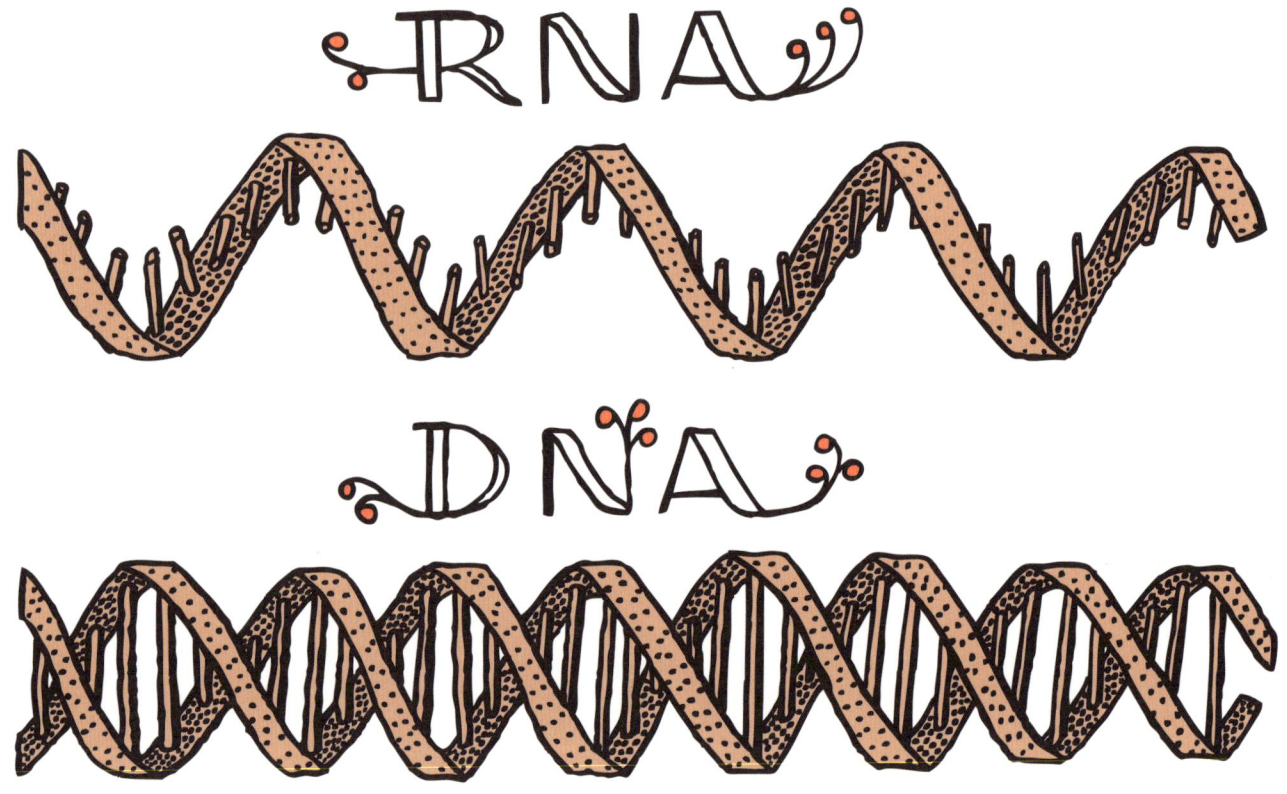

여러분의 생김새와 몸이 어떻게 만들어지는지에 대한 모든 정보는 DNA 속에 들어 있어요. 어떤 사람들은 DNA를 사람이나 동식물을 만드는 여러 가지 조리법이 들어 있는 요리책이랑 비교해요. 조립 장난감을 위한 설명서랑 비교하는 사람도 있어요. 그러니까 얀 그로스의 DNA 분자 속에는 얀 그로스를 어떻게 만들어야 하는지가 자세하게 나온 설명서가 들어 있는 셈이지요.

DNA 분자를 쭉 잡아당기면 길게 늘어지는 타래 같아요. 유전자는 대개 DNA 분자 위에 있지요. DNA를 기차라고 한다면 유전자 하나 하나가 마치 기차 차량 한 대씩이랑 비슷해요. 사람은 누구나 자기만의 고유한 유전자가 담긴 DNA를 갖고 있어요. 그래서 그렇게나 서로 다른 거예요. 이제 살인 사건을 수사하는 형사들이 왜 DNA를 그리 좋아하는지 알겠죠? 우리 몸의 모든 세포에는 똑같은 DNA가 들어 있거든요. 그러니까 살인자의 머리카락이 한 가닥만 있어도 그 속의 DNA를 용의자의 DNA랑 비교할 수 있어요. 만약 그 둘이 똑같다면 용의자가 바로 범인인 거죠.

암탉과 달걀 중 무엇이 더 먼저 있었을까요?

모든 살아 있는 세포에는 DNA 분자가 들어 있어요. 세포 하나만 해도 엄청 작은데 그 속의 DNA 분자는 더욱 작겠죠? 그렇지만 꼬불꼬불한 타래를 죽 풀어 내면 2m는 거뜬히 넘는답니다! 그런데 우리 몸속에는 세포도 너무나 많지요. 우리 몸속에 있는 모든 DNA 분자의 타래를 다 풀어서 잇는다면 무려 태양까지 500번은 왔다 갔다 하는 거리에 이르지요.

그래서 수십억 년 전에 아미노산을 단백질로 합성할 DNA 분자가 저절로 생겨났냐고요? 그건 어……, 에, 안타깝지만 그렇게 쉽게 말할 수는 없어요. DNA는 저절로 생겨나지 않거든요. DNA가 생겨나려면 특정한 분자가 필요해요. 어떤 분자인지 한번 맞춰 봐요. 맞아요, 단백질 분자요! 그런데 아까도 말했지만 단백질을 만들어 내려면 DNA, 즉 이 DNA를 만들어 낼 단백질이 필요해요. 단백질이 먼저냐, DNA가 먼저냐? 마치 암탉과 달걀의 문제 같죠? 무엇이 더 먼저 있었을까요? 암탉은 달걀에서 나오지만 또 달걀을 낳지요. DNA가 어떻게 생겨날 수 있었는지는 세상에서 가장 오래된 암탉과 달걀의 문제랍니다. 단백질이 없는 생명은 불가능해요. DNA가 없는 단백질은 불가능해요. 그러니까 DNA가 없는 생명은 불가능하지요. 으악! 머리가 깨질 것 같아요.

암탉과 달걀의 문제가 해결됐을까요?

암탉과 달걀의 문제를 어떻게 해결할까요? 언뜻 도저히 해결할 수 없는 것처럼 보여요. 하지만 우리는 해결책이 있다는 사실을 알고 있어요. 암탉도 달걀도 존재하니까요. 그럼 DNA와 단백질의 문제에도 해결책이 있을 수밖에 없지요. 가장 그럴듯한 해결책이 RNA예요. RNA(꼭 알고 싶다면 리보핵산이란 뜻이에요.)는 DNA랑 아주 비슷해요. DNA처럼 나선 형태지만 '이중나선'은 아니에요. RNA도 DNA처럼 생명체에 대한 정보를 지니고 있

어요. 더욱 중요한 사실은 RNA가 자기를 복사할 수 있다는 거예요. RNA 분자는 '후손'을 만들 수 있는 지구 위 최초의 분자라고 할 수 있어요. RNA는 단백질이 없어도 존재할 수 있거든요. 그러니까 RNA는 생명이 시작될 때 단백질과 DNA의 역할을 했을 수 있어요. 단백질을 만들어 내는 DNA가 RNA에서 나왔지요. 아직 분명한 증거는 없지만 과학자들은 그 증거를 찾기 위해 열심히 일해요.

이제 그다음 문제가 나와요. 그럼 RNA는 어떻게 생겨났을까요? RNA도 기다란 분자로 아주 복잡하게 구성되어 있거든요. RNA가 생겨난다는 건 글자 모양의 국수 수십억 통을 바다에 쏟아 놓고선 저스틴 비버 노래의 모든 가사가 바닷가에 밀려오길 기다리는 것과 조금 비슷하다고나 할까요? 그런 일이 일어나는 게 아예 불가능하지는 않지만 그럴 가능성은 거의 0에 가까울 만큼 작죠.

- 7부 -

어떻게 스스로 '생명이 깨어나게' 할 수 있을까요?

RNA 는 다행히도 국수 수십억 통에 해당하는 글자 다발은 아니에요. RNA는 다양한 화학 물질로 구성되어 있어서 일정한 화학적 규칙을 지키면 된답니다. 이 물질 속의 어떤 분자들은 서로 끌어당기고 어떤 것들은 서로 밀어내요. 마치 글자들처럼요. 영어를 예로 든다면 'FSDG', 'HHRTRGDD' 또는 'YYTTYIII' 같은 조합보다는 'OHAB', 'YBABA', 'ABBY' 같은 조합이 나타날 가능성이 더 커요. 그러다 'Baby, baby, baby, oh……'가 되는 거죠. 안 그래요?

우리는 실험을 통해 이 원리를 직접 확인할 수 있어요. 때로는 아주 평범한 물질 속에 든 분자들이 결합해 마치 살아서 끈을 엮는 것처럼 보이거든요. 자, 실험해 볼까요?

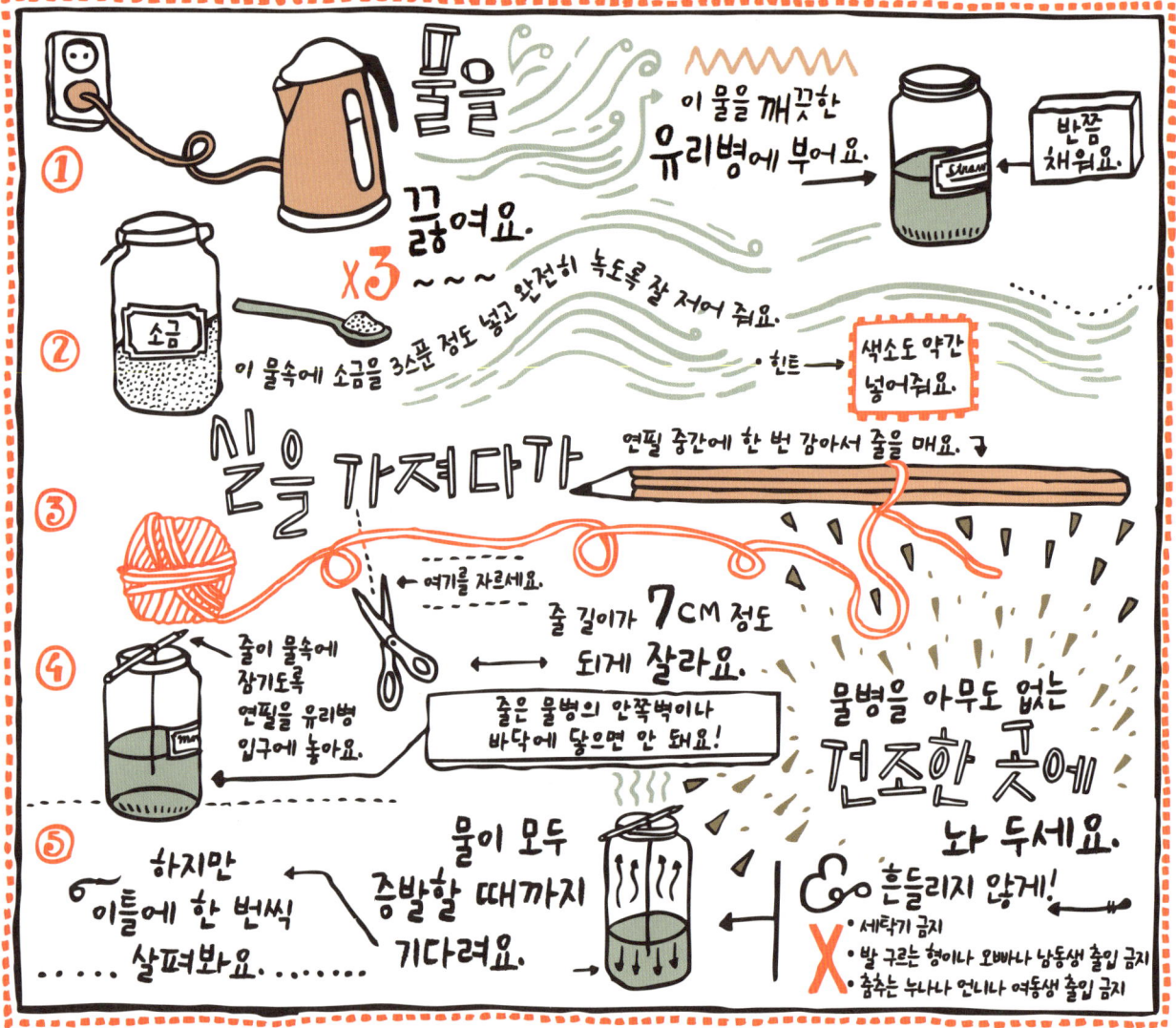

소금은 살아 있을까요?

어떤 일이 일어났나요? 하얗게 빛나는 소금 결정 나무가 자라났지요. 소금 결정은 물이 증발하는 동안 마치 살아 있기라도 한 양 차차 위로 올라갔어요. 사실 소금은 살아 있는 게 아니라 그저 결정 형성의 규칙을 따랐을 뿐이에요. RNA가 생겨날 때도 이와 비슷한 일이 일어나요. 비록 수백만 배는 더 복잡하지만요. 그래도 괜찮은 게 RNA는 자기를 만들어 낼 시간이 수백만 년이나 있었거든요. 그새 과학자들은 RNA를 만들어 내는 실험을 직접 해 봤어요. 어땠을까요? 성공했지요. RNA는 타래가 하나밖에 없으니까 DNA만큼 복잡하지 않거든요. 하지만 DNA가 만들어지는 것도 이와 별로 다르지 않을 거예요.

- 7부 -

첫 번째 생명체는 어떻게 생겼을까요?

지구에서 가장 단순한 생물은 무엇일까요? 그야 아주 단순한 세포 하나로 이루어진 생물이죠. 하지만 아무리 단순한 세포라고 해도 실제는 매우 복잡해요. 세포는 마치 작은 몸 같거든요. 세포 안에 든 핵은 우리 뇌나 마찬가지예요. DNA 분자와 유전자가 들어 있어요. 사람의 위나 장 같은 기관 역할을 하는 게 '리보솜'이나 '미토콘드리아'이지요. 우리 몸의 피랑 비교할 수 있는 '원형질'도 있어요. 그리고 이 모든 것을 둘러싼 피부에 해당하는 세포막이 있어요. 그밖에도 세포가 살기 위해 꼭 필요한 부분이 아주 많지요. 세상에! 단순한 세포 하나가 이렇게 복잡하다니! 설마 최초의 생물이 이렇게 생길 수 있었을까요?

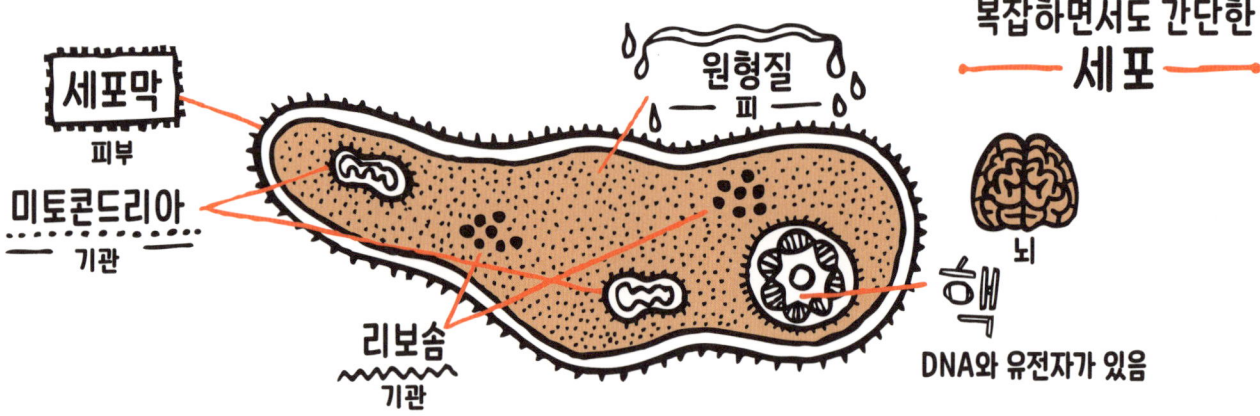

최초의 세포는 준비물을 모두 챙긴 가방이 아니라 훨씬 단순한 주머니 같았을 거예요. 그 세포에는 핵도 없고 미토콘드리아나 리보솜도 없어요. 대신 아미노산, 단백질, RNA와 DNA 분자들이 옹기종기 모여 있었지요. RNA와 DNA 분자가 아미노산과 단백질에게 '명령'을 내렸을 거예요. 그들은 하나의 세포가 해야 할 일을 함께 했지요. 필요한 물질을 받아들이고 다 쓰고 남은 물질을 내보냈으며 새로운 '세포'를 길러 냈답니다.

공룡보다 더 오래된 생물이 있다고요?

그런데 이런 세포들이 어떻게 세포를 길러 낸 걸까요? 처음에 RNA 분자들과 다른 중요한 화학 물질들은 지방산 층으로 둘러싸여 있었어요. 지방산은 세포막을 만드는 물질이에요. 최초의 세포는 열려 있었어요. 알파벳 C랑 비슷한 형태의 지방산 층 속에 살아 있는 물질들이 모여 있는 것 같았어요. 이 지방산 층이 점점 더 오그라들면서 O의 형태에 가까워졌죠. 그럴수록 이 물질들을 모아 놓는 것이 더 쉬워졌어요. 결국 세포는 완전히 닫히고 모든 구성 요소들이 리보솜, 미토콘드리아 등으로 발전해 더욱 잘 작동할 수 있게 됐어요.

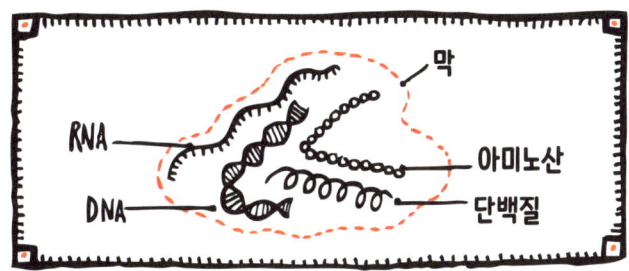

놀라지 마세요! 지금도 아주 간단한 세포들이 남아 있어요. 그 세포들은 최초의 세포가 처음으로 닫혔을 때랑 비슷해 보인답니다. 바로 박테리아 같은 것들이지요. (가장자리에 휘황찬란한 편모가 달린 복잡한 박테리아를 말하는 건 아니에요. 그런 박테리아들은 수십억 년 동안 진화를 거친 다음 비로소 생겨났거든요.) 아무튼 그렇게 오랜 세월 진화를 했어도 박테리아에는 핵과 미토콘드리아가 없어요. 박테리아들은 수십억 년 동안 거의 변하지 않았지만 여전히 일을 아주 잘하고 있어요. 이들은 어디에나 있어요. 수십억 년 전 생물을 관찰하고 싶다면 그저 좋은 현미경만 장만하면 되지요. 그럼 티라노사우루스 렉스보다 훨씬 더 오래된 생물을 보게 될 거예요. 아쉽게도 그처럼 멋지진 않지만요.

지구가 과체중에 시달렸을까요?

지구 위에 첫 생물이 어떻게 나타났는지에 대해서는 여전히 물음표가 많이 남아 있어요. 하지만 그때 이랬을 수 있다고, 추측하는 우리의 능력은 점점 더 나아지지요. 그럼 이제 생명이 어떻게 시작됐는지 가장 그럴 듯한 이야기를 해 볼까요? 그건 운석이랑 관련 있어요.

조심해요! 몸을 숙여요! 우주에서 온 물질들이 지구로 마구 쏟아져요. 운석도 있고 우주 먼지도 있어요. 그래서 지구는 날마다 몇 십만 kg 더 무거워졌지요. 아! 걱정은 붙들어 매요. 여러분이 거기 맞을 확률은 아예 없으니까요. 그래서 지금 지구가 얼마나 무겁냐고요? 아주 무겁죠. 6×10^{24} kg(6,000,000,000,000,000,000,000,000 kg) 정도랍니다! 어쨌든 이 운석들 가운데 어떤 것들에 아미노산이 들어 있었어요. 이런 물질들이 우주에서 왔다는 것은 아주 확실해요. 지금도 종종 운석에서 여기 지구 위에 있는 것들하고는 완전히 다른 종류의 아미노산이 발견되거든요.

지구 위의 생명은 정말 여기서 생겨났을까요?

우주는 물론 지구보다 훨씬 오래됐어요. 실제로 이런 운석들에 의해서 아미노산이 지구에 왔을 확률은 상당히 크답니다. 어떤 행성에서 이미 80억 년 전에 아미노산이 만들어졌다고 해 봐요. 그 행성은 진즉 폭발해 버렸지만, 그 행성의 조각들이 아미노산과 함께 이곳 지구로 날아와 생명의 근거를 이루었을 수도 있어요.

그러니까 지구 위에 생명이 생겨날 수 있는 방법은 여러 가지예요. 지구 자체에서 생겨났을 수도 있지만 저 멀리 우주에서 생겨났을 수도 있어요. 사정이 이러니 생명의 기원이 딱 이거다라는 증거를 찾는 일은 무척이나 어려워요. 그래도 이렇게라도 해명해 보면 생물이 생겨나는 일이 조금이나마 쉽고 어느 정도 합리적이고 일상적인 사건이 된답니다.

— 8부 —

태고의 바다에서 살아남기

- 8부 -

지구의 생명은 어디에서 생겨났을까요?

    지구에 어떻게 생명이 생겨났을까요? 확실한 답은 아직 몰라요. 정확하게 어디에서 생겨났는지도 모르지요. 생명이 한 곳이 아닌 여러 곳에서 생겨났을 수도 있거든요. 그래도 딱 한 가지는 분명해요. 어쨌든 생명이 처음 태어난 곳은 우리한테는 그리 쾌적하지 않은 곳이었을 거라는 거. 생명이 태어나려면 여러 가지 이상한 조건을 만족시켜야 하니까요.

    우선 그곳은 무척이나 뜨거워야 해요. 70℃에서 80℃ 사이여야 하죠. 이 온도에 이르지 않으면 분자가 아미노산을 형성하지 못해요. 그런데 또 이 온도를 넘어 버리면 분자가 부서지고 말아요. 그리고 강렬한 태양 빛이 닿지 않아야 해요. 그때는 지구 주위에 태양 빛을 막아 줄 가스로 된 덮개가 없어서 태양 빛을 그대로 받으면 너무 치명적이었지요. 꼭 빠지지 않아야 할 게 또 있어요. 반드시 물이 있어야 해요. 생명은 수프 같은 곳에서 생겨났는데, 모든 요리사가 다 알 듯 수프를 만들려면 물이 필요하잖아요. 이 모든 조건을 살펴보면 생명이 태어난 장소를 짐작해 볼 수 있어요. 우선 가까운 데부터 둘러볼까요.

생명 발생 후보지 1: 뜨거운 진흙탕

혹시 지금 바닷가 가까이에 삽을 들고 있나요? 그럼 약 6370km 깊이까지 땅을 파고 들어가 봐요. 어? 어느새 지구의 한 가운데 왔네요. 그리 쾌적하지는 않을 거예요. 온도가 자그마치 4000℃에서 7000℃에 이르니까요. 구멍을 깊이 팔수록 더 뜨거워지지요. 우리가 사는 곳은 지각이 두꺼워서 이런 열기가 느껴지지 않아요. 하지만 지각이 아주 얇은 지역도 있어요. 아이슬란드나 미국의 옐로우스톤 국립 공원 같은 곳이죠. 어떤 곳에서는 지각이 어찌나 얇은지 때때로 지하수가 끓어올라 솟구치기도 해요. 간헐천은 이렇게 생겨난답니다.

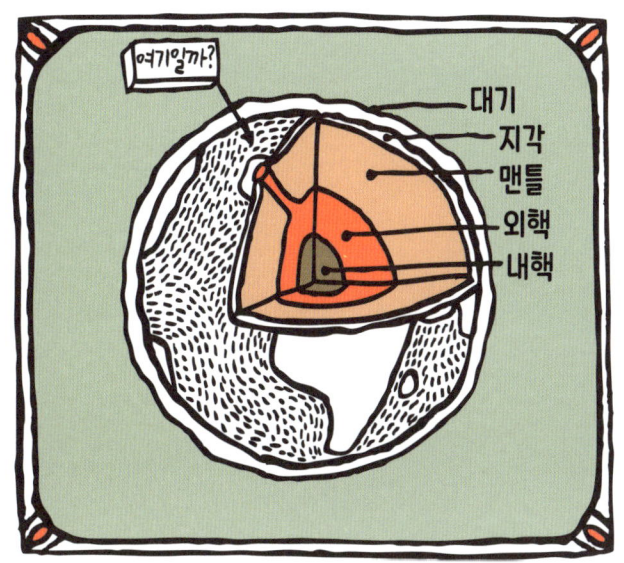

지구의 극한 환경에서 생물이 살 수 있을까요?

작은 호수와 웅덩이도 땅의 열기로 뜨거워질 수 있어요. 어떤 웅덩이는 적당히 뜨끈해서 겨울에 목욕을 할 수도 있지요. 어떤 호수는 진흙투성이에 고약한 냄새까지 나요. 강한 산성이라 그 안에 있는 모든 것이 쪼그라드는 곳이 있는가 하면 달걀을 삶을 수 있을 만큼 뜨거운 곳도 있어요. 독성이 강해서 거기 일렁이는 가스를 조금만 들이마시면 금세 어지러워지는 곳도 있지요. 그러니까 생명이 생겨나기에 이상적인 곳이에요!

에이, 그런 데서 어떻게 생명이 살 수 있냐고요? 그럼요, 살 수 있고 말고요. 그것도 얼마나 잘 사는데요! 85℃가 넘는 온도와 자전거도 녹일 수 있는 산성도에서도 번성하는 미생물(맨눈으로 볼 수 없을 만큼 작은 생물*)이 발견됐다니까요. 참 끈질기기도 해요.

이렇게 끓는 듯 뜨거운 진흙 웅덩이에서는 생명이 나타나는 데 필요한 세 가지 조건 가운데 두 가지가 만족된답니다. 따뜻해야 하고 물이 있어야 한다는 거요. 그런데 이렇게 얕은 물에는 태양 빛이 그냥 꿰뚫고 들어오는데 어떡하지요? 괜찮아요. 이것도 큰 문제가 되지 않아요. 이런 웅덩이는 언제나 화산 가까이 있거든요. 생명이 처음 생길 때는 화산들이 폭발을 꽤 많이 했어요. 화산이 폭발하면서 화산재와 연기가 우르르 쏟아져서 이글거리는 햇빛을 아주 잘 막아 주었답니다. 아, 이제 세 가지 조건이 모두 채워졌네요.

지구 위 어떤 생물이 가장 끈질겼을까요?

과학자들은 이런 진흙 웅덩이에서 지구의 가장 오래된 종에 속할 만한, 다양한 종류의 박테리아를 건져 냈어요. 그리고 마침내 고세균도 새로 찾아냈지요. 끈질기기로 말하자면 그 무엇도 이 고세균을 따라잡을 수 없어요. 고세균은 아주 뜨거운 곳에서도 살 수 있어요. 어떤 건 121℃에서도 살아남아요. 어떤 고세균은 아주 추운 곳에서도 살아요. 치명적으로 소금기가 많거나 산성이거나 독성이 강한 환경에서 살아남는 고세균도 있답니다. 고세균은 박테리아랑 아주 비슷해요. 박테리아처럼 세포가 하나고 크기도 작아요. 심지어 어떤 고세균에는 박테리아처럼 편모가 있어요. 하지만 편모가 작동하는 방법은 박테리아와는 완전히 다르죠. 진화가 다양한 방식으로 일어나도 비슷한 결과에 이를 수 있다는 뜻이에요. 여러분은 이 책에서 더 많은 예를 읽을 수 있어요.

어쨌든 이렇게 끓는 듯 뜨거운 웅덩이가 지구 위 모든 생명의 원천이 될 수도 있겠네요.

생명 발생 후보지 2: 바다 밑바닥

 생명이 태어나긴 위해선 물이 있고 온도가 높고 태양빛이 없어야 한다고 했죠. 어디 생각나는 데 없어요? 그렇죠, 바다 밑바닥이죠. 바다 밑바닥 어디나 다 그런 건 아니고 지각이 아주 얇은 곳이 그래요. 심지어 지각이 아예 없어서 액체 용암이 스르르 새 나오는 곳도 있어요. 그런 데는 끓는 듯 뜨겁죠. 물의 온도가 수백 ℃까지 올라가기도 해요. 대개 물이 100℃에서 끓으면 당장 수증기로 변하지만 바다 밑바닥에선 바닷물의 압력이 끓는 물을 납작하게 눌러 주지요. 이 압력이 얼마나 센지 궁금한가요? 여러분 머리 위로 물을 꽉꽉 채운 양동이들을 1000m 높이까지 까마득히 쌓아 올렸다고 생각해 봐요. 바로 그 정도의 압력이랍니다.

 거기선 아무것도 살 수 없겠네요. 대체 누가 그런 압력을 견뎌 내겠어요? 아니, 견뎌 내는 게 있어요! 사람들은 이미 그런 바다 밑바닥에서 온갖 생물을 찾아냈어요. 고세균과 박테리아가 대부분이었지만 벌레, 달팽이, 새우 등도 있었지요. 그 생물들은 지금도 너무나 자연스럽게 뜨겁고 햇빛 없고 무지막지한 압력이 누르는 곳에서 살아가요.

 그러니까 어쩌면 생명은 바다 밑바닥에서 시작했는지도 몰라요.

생명 발생 후보지 3: 깊은 땅속

깊은 땅속에는 지하수가 있어요. 거긴 햇볕이 닿지 않지만 충분히 따뜻해요. 그러니 그곳에서 생명이 시작했을 가능성도 있네요. 하지만 정말 거기 생명이 살 수 있을까요? 네, 살 수 있어요. 바다 밑바닥이나 끓는 웅덩이보다 한층 더 황량한 곳인데도요.

땅속에 사는 생명체 가운데 가장 눈길을 끄는 것은 코찔찔이 같은 박테리아예요. 정말 그런 생물이 있다니까요. 우리가 코에서 콧물을 흘리듯 몸의 구멍에서 점액을 떨어뜨리죠. 독성이 몹시 강한 환경에서 살면서 그 유독한 물질에서 양분을 흡수한 다음 황산을 남겨 놓는답니다. 황산은 살인자가 희생자의 흔적을 찾지 못하도록 시체를 녹일 때 쓰는 물질이기도 하지요.

영원히 사는 박테리아요?

하지만 그것도 다른 박테리아에 비하면 아무것도 아니에요. 그 박테리아는 산소와 양분은 없고 유독한 가스가 가득한 곳에 살아요. 살아남는 데 있어선 세계 챔피언 감이죠. 그 박테리아들은 수백만 년 동안 그냥 살아 남았어요. 어떻게 그러냐고요? 그들은 거의 먹지도 움직이지도 않으며 죽은 듯이 지내요. 번식도 거의 하지 않아요. 어쩌다 가끔 황과 철 분자를 먹지요. 때때로 아주 드물게, 아주아주 드물게 산소를 쓰고요. 아, 그럼 거기 산소가 있었네요. 그렇다면…… 그렇기도 하고 아니기도 해요. 산소가 있긴 있지만 너무나 적거든요. 이 모든 박테리아들이 수천 년 동안 쓴 산소가 얼마나 되는지 아주 정밀한 기계로도 잴 수 없을 정도랍니다.

그 박테리아는 공룡이 살던 시대에 생겨났어요. 그러니까 정말정말 오래된 거죠. 박테리아들은 영원히 살지는 못할지도 모르지만 어쨌든 수백 년은 넘게 살아요. 가장 늙은 박테리아는 나이가 얼마나 들었을까요? 아마 수백만 살은 됐을 거예요. 박테리아는 아주 조금밖에 먹지 않기에 그렇게 오래 살 수 있어요. 인간은 두 달 동안 자기 몸무게에 해당하는 음식을 먹어 치우지만 박테리아는 그러려면 적어도 천 년은 걸릴걸요.

자, 지금까지 지구 위에서 생명이 시작될 수 있는 가능성 세 가지를 찾았네요.

- 8부 -

냠냠, 태양이 맛있나요?

이제 생명이 생겨났어요! 뜨거운 물에 있는 세포의 후손들은 그때부터 아주 빨리 발전했어요. 이 작은 것들이 온 세상을 정복하기 시작했죠. 어떤 단세포 생물들은 원래 있던 곳에 머물렀지만 어떤 것들은 수백만 년이 흐르는 동안 정상적인 온도에 적응했어요. 또 다른 단세포 생물들은 추운 곳에 정착했어요. 그리고 바다 어디든 단세포 생물이 득실거렸어요. 그런 다음에는……

아무 일도 일어나지 않았어요.

그리고 그다음에도 아무 일도 일어나지 않았죠.

그리고 그다음 수백만 년 동안에는…… 정말이지 아무 일도 일어나지 않아요.

물론 단세포 생물들은 번식을 했고 온갖 새로운 종이 생겨났어요. 하지만 그렇다고 눈에 보이는 풍경이 바뀌지는 않았어요. 이 모든 게 그리 주목을 끄는 일은 아니었으니까요. 수억 년 동안 지구는 별다른 일 없이, 이리저리 흔들리며 먹고 번식하는 미생물들의 왕국이었지요. 그리고 다시 한번 수억 년 동안……

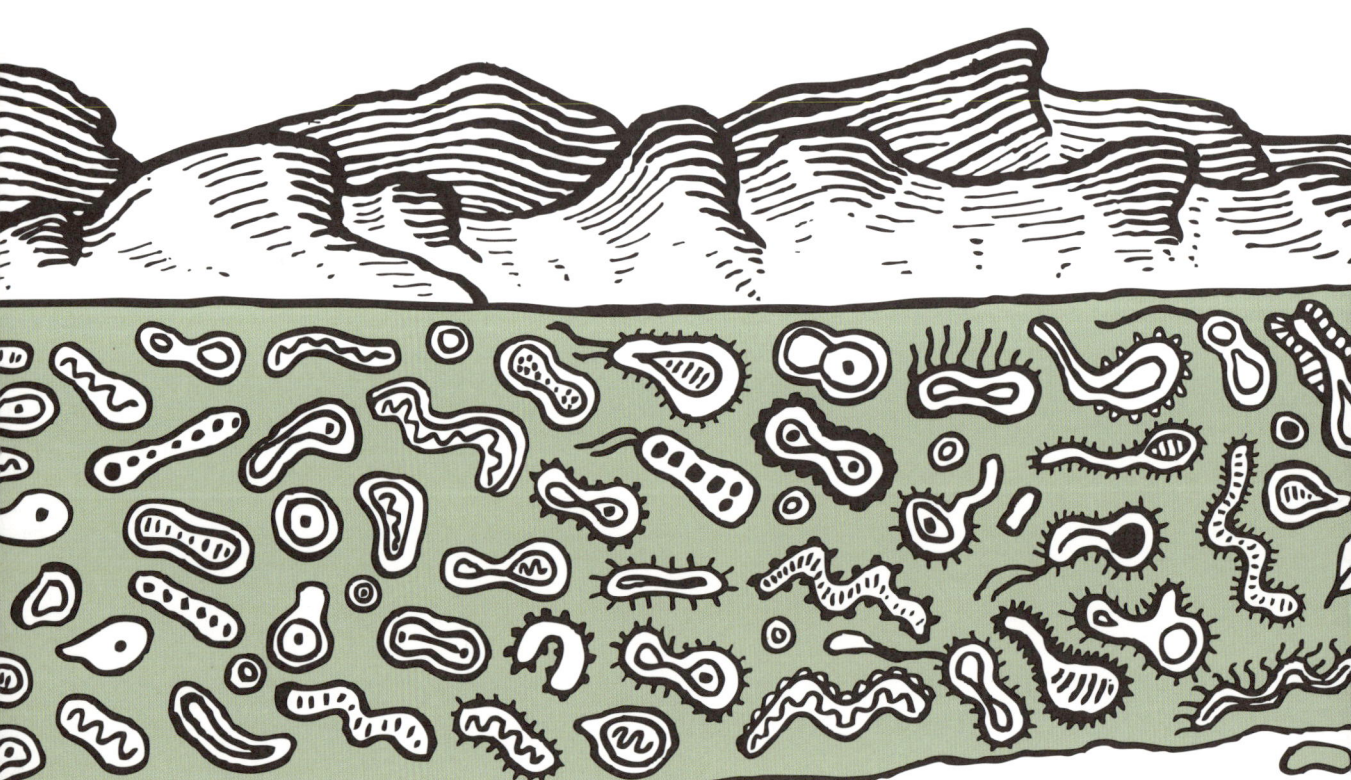

두더지가 파헤친, 흙더미 같은 생명체

　이렇게 오랜 세월이 흐르는 동안 단세포 생물들은 조금 더 복잡해졌어요. 가느다란 털이 차차 생겨나더니 결국 섬세한 편모로 발전했어요. 그러더니 주위에 있는 물질뿐만 아니라 햇빛에서도 에너지와 양분을 빨아들이는 완전히 다른 생물이 되었어요. 수백만 년 동안 생물을 죽이고 파괴하던 태양이 어떤 세포들한테 생명의 원천이 되었답니다.

　이렇게 맨 처음 지구에 나타난 태양 숭배자들의 흔적을 오스트레일리아에서 지금도 발견할 수 있어요. 스트로마톨라이트란 퇴적물인데 거대한 양송이나 쇠똥 덩어리가 화석이 된 것처럼 보여요. 사실은 단세포 생물이 수백만 겹으로 쌓여 한 덩어리를 이룬 거예요. 세포들이 서로 달라붙어서 마치 두더지가 파헤친 흙더미처럼 되는 거지요. 죽은 세포들이 화석이 되고 그 위에 새로운 세포 층이 덧붙었죠. 이렇게 자라나 30억 년 뒤쯤에는 충분히 커져서 화석으로 발견돼요. 그래서…… 스트로마톨라이트는 생물이기도 해요! 아직 멸종하지 않고 지구 곳곳에서 여전히 발견된답니다.

가장 끔찍한 환경 파괴자는 누구였을까요?

　햇빛에서 에너지를 얻는 종은 스트로마톨라이트 외에도 더 있었어요. 태양은 날마다 떠오르니까 무척이나 편리하고 실용적인 일이죠. 나무나 녹조류, 홍조류나 갈조류처럼 오늘날 우리가 알고 있는 식물 역시 대부분 태양에서 나오는 에너지로 살아가요. 그들은 모두 첫 번째 단세포 태양 숭배자들의 후손이랍니다.

　이 새로운 종들에게 태양 에너지는 매우 쓸모 있었어요. 덕분에 이런 종들은 지구상에 빨리 퍼져 나갔죠. 하지만 이 새로운 종들은 지구에 위험한 가스를 뿜어 냈어요. 지구의 첫 번째 환경 파괴자인 셈이었죠. 그들이 뿜어 낸 가스는 이 행성 위의 생명체를 모두 없앨 만큼 끔찍했어요. 이토록 위험하고 파괴적이고 유독한 가스는 무엇이었을까요? 바로…… 산소예요. 오늘날 지구 위 거의 모든 생명체들이 매달리는 바로 그 산소요. 어떤 생물이 산소를 뿜어 냈을 때 다른 생물에게는 죽음이 닥쳤지만 또 다른 생물에게는 양식이 되었답니다.

- 8부 -

어떻게 박테리아가 덩치 큰 고래가 됐을까요?

그래도 산소가 모든 생물을 다 없애지는 못했어요. 어떤 생물을 멸종시킨다는 건 아무리 강한 독극물을 쓴다고 해도 쉬운 일이 아니지요. 농부들은 모종에 달려드는 벌레를 퇴치하려고 농약을 치면서도 그게 잠시만 도움이 된다는 사실을 잘 알고 있어요. 처음에는 거의 모든 벌레들이 죽지만 언제나 조금 더 오래 사는 벌레가 있거든요. 그 벌레들은 자기와 유전자가 같은 자손을 남겨요. 그 자손들은 대체로 더 오래 살죠. 그중 몇몇은 다른 벌레들보다 더 오래 살아남고요. 이 벌레들이 농약을 쳐도 결코 죽지 않을 때까지 계속 이럴 거예요. 수백만 년 전에 산소는 이런 농약과 마찬가지였어요. 일부 박테리아나 고세균이 산소와 함께 사는 법을 배웠지요. 지구의 모든 어류, 파충류, 조류, 포유류가 이런 단세포 생물의 후손이랍니다. 아주 작은 시아노박테리아부터 거대한 큰 고래까지 죄다 그래요.

박테리아처럼 작은 것이 고래처럼 커다란 것으로 진화하려면 필요한 게 있어요. 아주 중요한 건데, 함께 일할 수 있는 '협력'이 꼭 필요해요. 모든 세포는 작아요. 거대한 세포는 없어요. 아무리 큰 세포라도 맨눈으로 간신히 볼 수 있을 정도죠. 그러니까 크기가 커지려면 세포 여러 개가 모여야 해요. 진화가 일어난 첫 수억 년 동안 이런 일은 불가능했어요. 하지만 산소 덕분에 이게 단박에 가능해졌지요.

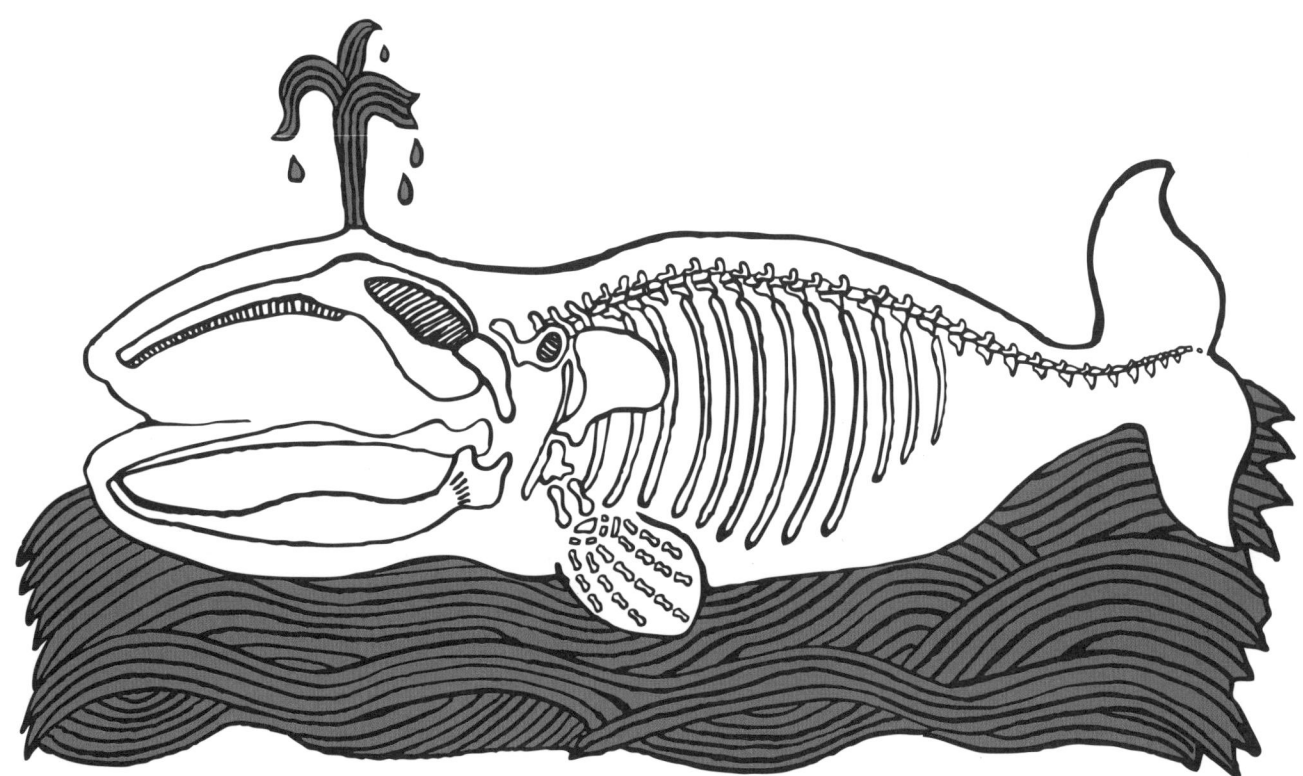

해면동물을 고기 분쇄기에 넣고 돌린다면 어떤 일이 일어날까요?

산소 덕분에 갑자기 새로운 단백질이 생겨났는데 이 단백질은 다시 온갖 종류의 새로운 세포들을 만들어 냈어요. 이 세포들 중 어떤 것들은 콜라겐이라는 물질을 함유하고 있었어요. 일종의 끈끈이죠. 세포들은 콜라겐 덕분에 서로 달라붙어서 커다란 세포 덩어리로 자라날 수 있었어요. 나무, 고래, 버섯 그리고 얀 그로스가 이렇게 해서 생겨났어요. 콜라겐은 동물 세계에서 가장 많이 나타나는 단백질이에요.

해면동물은 다세포 동물이 어떻게 만들어졌는지 보여 주는 좋은 예랍니다. 해면동물은 지금 세상에 남아 있는 매우 오래된 다세포 동물 중 하나예요. 단세포 동물에서 다세포 동물로의 변화가 어떻게 이루어졌는지, 해면동물을 요리조리 뜯어보면 잘 알 수 있어요. 해면은 두어 가지 종류의 세포로만 이루어졌어요. 해면에는 코도 없고 심장도 없고 뇌도 없어요. (눈도 없고 짧은 바지도 입지 않죠. 인기 애니메이션에서는 해면동물 스펀지밥이 네모바지를 입고 천방지축 유쾌한 일들을 벌이지만요. 참, '스펀지포르마 스퀘어팬치'라는 한 버섯 이름은 〈네모바지 스펀지밥〉의 주인공 이름을 따서 지은 거랍니다.)

해면에 있는 세포들은 대부분 똑같은 일을 해요. 살아 있는 해면으로 실험을 해 보면 알 수 있어요. 해면을 잘게 잘라서 고기 분쇄기에 넣고 손잡이를 돌려서 갈아 봐요. 이걸 체에 놓고 누르면 입자가 더 고와지겠죠. 그다음 체에서 내린 내용물을 믹서를 돌려서 완전히 곤죽으로 만들어 버려요. 이걸 물이 든 통 속에 넣고 몇 주 기다리면 새로운 해면이 생겨난답니다. 모든 세포가 마치 아무 일도 없었다는 듯 다시 덩어리를 이루는 거예요.

- 8부 -

석고로 침의 모형을 만들 수 있을까요?

세포 여러 개가 뭉치면 좋은 점이 있어요. 그 세포들이 함께 일할 수 있다는 거죠. 해면의 세포들은 바닷물의 흐름에 휩쓸리지 않고 바위처럼 물속의 적당한 자리에 달라붙어서 물에 있는 양분을 걸러 내요. 서로 함께 있어서 이익을 얻는 셈이죠. 무엇이든 뭉치면 강해지는 법이니까요. 협력을 하더라도 각각의 세포들이 저마다 다른 일을 하면 효과가 더 커요. 축구단을 생각해 보세요. 모든 팀원이 골키퍼나 공격수인 것보다는 골키퍼와 공격수, 수비수가 다 따로 있는 축구단이 더 성공적이겠지요. 눈은 천 개, 코는 열다섯 개지만 입은 하나도 없는 사람보다 눈이 둘이고 코, 입, 심장이 하나인 사람이 더 잘 살겠죠? 생명체도 마찬가지예요. 다양한 종류의 세포가 있어야 좋아요.

세포가 다양한 동물은 해면처럼 세포가 한두 종류뿐인 동물에 비해 이로운 게 많아요. 세포가 다양한 동물은 어떻게 생겨날까요? 다양한 세포를 갖춘 가장 오래된 동물은 어떻게 생겼을까요? 그걸 알려면 화석을 찾아내야 하는데 그건 결코 쉬운 일이 아니에요. 수백만 년 전의 공룡 화석을 찾아내도 거기에 혀나 심장이나 뇌는 없어요. 뼈와 이 같은 딱딱한 부분만 찾아내는 거지요. 그밖에 오래된 조개껍데기도 나오는데, 역시 뼈처럼 딱딱해요. 그래서 우리는 수백만 년 된 조개와 달팽이 껍데기를 수없이 발견했어요. 비록 그 안에 살던 동물들은 이미 오래전에 썩어 문드러졌지만요. 처음으로 다양한 세포를 갖춘 최초의 동물들은 뼈도 껍데기도 없었어요. 그들은 무척이나 흐물흐물하고 부드러웠지요. 이런 동물이 화석이 되려면 거의 기적이 일어나야 해요. 마치 석고로 흐물흐물한 침의 모형을 뜨는 것처럼 어려운 일이지요. 물론 쉽지 않아도 전혀 불가능한 건 아니에요!

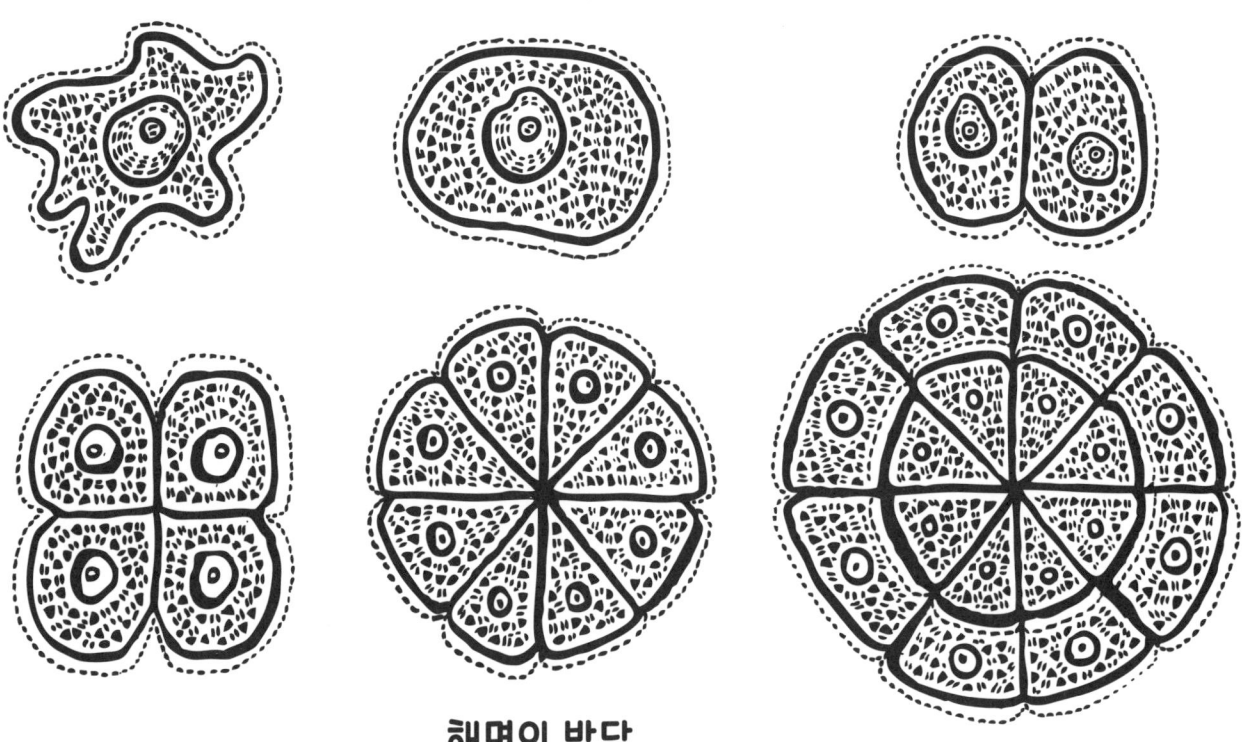

해면의 발달

해파리 화석이 어떻게 생겨났을까요?

얕은 바다에 작은 동물들이 헤엄치는 모습을 상상해 봐요. 어느 날 근처 화산이 꽈광 폭발했고 수백만 kg의 화산재가 공중으로 날아갔어요. 이 재는 가라앉으면서 얕은 바닷속 해저에도 내려왔죠. 그리고 미처 피하지 못한, 거기에 살던 동물들을 덮치고 말았어요. 화산재 층은 바닷물과 뒤섞여 아주 고운 진흙이 되었다가 수백만 년이 흐르면서 단단해졌답니다. 그런 일이 반복적으로 일어났지요. 그런 동물의 화석은 두꺼운 암석층 속 깊이 자리잡았기 때문에 겉에서 금방 알아볼 수는 없어요. 하지만 암석층이 물이나 얼음, 소용돌이치는 모래 때문에 깎여 나가면서 동물 화석이 발견자의 눈에 뜨이게 되지요.

– 8부 –

어떤 발전이 오늘날 생명체를 가능하게 했을까요?

아주 오래된 화석 덕분에 우리는 생명체가 어떻게 해면에서 얀 그로스까지 발전해 왔는지 정확하게 알고 있어요. 지구의 생명체는 새로운 '발명품'이 덧붙여지면서 더욱 정교해졌지요. 화석들을 보면 해파리가 지구에서 아주 오래된 동물에 속한다는 사실을 알 수 있어요. 해파리는 해면보다 더 발전한 동물이에요. 비록 해파리도 대부분 한 종류의 세포로 이루어졌지만 해면보다는 훨씬 더 다양해요. 해파리에는 몸을 움직일 수 있는 근육이랑 비슷한 조직도 있거든요. 최초의 해파리는 아직 몸 구조가 그리 복잡하지 않았어요. 앞면과 뒷면 구분도 없고 뇌나 방향 감각도 없어요. 하지만 진화가 일어나는 동안 해파리는 아주 중요한 걸 얻게 되었어요. 밝은 것과 어두운 것을 구분할 수 있는 세포인 감광 세포가 생긴 거예요. 눈이 생기기 위한 첫 걸음을 내딛은 셈이죠. 물론 사물을 볼 수 있기까지는 갈 길이 멀어요. 뭔가 실제로 보기 위해선 눈만 아니라 뇌도 필요한데 해파리는 뇌가 없거든요.

항문 없이 어떻게 살아남을까요?

시간이 지나면서 해파리 중 일부에게 앞면과 뒷면이 생겼어요. 그들은 천천히 납작하고 기다란 동물인 편형동물이 되었어요. 이들에게는 일종의 뇌와 빛과 어둠을 구분할 수 있는 감광 세포도 생겼답니다. 해파리와 편형동물은 뭔가 실제로 볼 수 있는 최초의 동물이지요. 그런데 한 가지 문제가 있지 뭐예요. 그들은 둘 다 구멍 하나로 양분을 섭취하고 배설도 한답니다. 양분을 받아들이는 동시에 내뱉다니, 얼마나 불편할까요. 당연히 입맛도 떨어질 테죠. 그래서 어떤 편형동물들은 결국 빨대처럼 둥그런 벌레로 발전해서 입으로 먹고 항문으로 싸게 되었어요. 많은 사람이 지렁이를 자르면 두 마리가 된다고 믿어요. 터무니없는 말이랍니다! 사실은 잠깐 움찔거리다가 죽어 버리고 말아요. 왜냐고요? 입이나 항문, 둘 중 하나만 있으면 살아남을 수 없잖아요.

단세포 생물의 시대에 진화는 아주 느렸어요. 벌레들이 나타날 무렵 진화가 조금 더 빨라졌어요. 그러다가 눈이 핑핑 돌아갈 만큼 빠른 속도로 온갖 새로운 종이 생겨났지요. 그 이유 가운데 하나는 지구가 더워졌기 때문이에요. 수천 년 동안 우리 행성은 무척이나 추웠답니다. 특정한 시점까지는 지구가 양 극점부터 적도까지 얼음으로 뒤덮인 커다란 눈 덩어리였다고 확신하는 학자들도 있어요. 그 얼음 아래 따뜻한 물속에만 생명이 있었지요. 얼음 속에도 많은 박테리아들이 달라붙어 있었는데 얼음이 녹은 다음에는 아주 자연스럽게 계속 살 수 있었어요. 하지만 지구의 온난화가 갑작스러운 '종의 폭발'을 일으킨 가장 중요한 원인은 아니었어요. 가장 중요한 요인은 성행위였답니다. 하지만 그 이야기를 하기 전에 어떻게 성행위 없이 자손을 낳았는지 알아 두어야겠죠.

성행위 없이 어떻게 살아남았을까요?

부모가 '그것'을 하지 않는다면 새도 토끼도 바구미도 세상에 태어나지 못할 거예요. 그렇지만 성행위가 번식하기 위한 유일한 방법은 아니에요. 지구에 처음 나타난 생물은 성행위를 하지 않았어요. 모든 새로운 세포, 해파리, 편형동물은 엄마 아빠가 없어도 생겨났어요. 세포 하나가 그냥 두 개로 갈라지고, 갈라진 세포가 다시 또 갈라졌지요. 편형동물은 둘로 나뉘었어요. 둘 다 입과 항문을 가질 수 있도록 가로가 아니라 세로로 나뉘어졌지요. 갈라진 반쪽은 커다란 편형동물로 새로이 자라났고요. 해파리는 폴립(해파리가 성체로 자라기 전 바닷속 바위 등에 붙어 살아가는 부착 유생*)이 떨어져 나와서 새로운 해파리로 자라났어요. 해파리나 편형동물은 자기 부모와 아주 똑같은 복사물이라는 뜻이에요.

DNA는 하나의 생물이 어떻게 생겼는지, 어떻게 행동하는지 결정해요. 어떤 동물이 번식하기 위해 나눠진다면 그 '자녀'는 부모와 똑같은 DNA를 지니게 된답니다.

- 8부 -

섹스*가 세계를 어떻게 바꿨을까요?

*성별과 성행위, 두 가지 뜻을 담은 포괄적인 의미로 쓰임

아주 잘 나온 사진 1장을 다시 카메라로 찍어 보세요. 어떤가요? 새로 찍은 사진이랑 예전 사진이랑 똑같아 보이죠? 새로 찍은 사진을 카메라로 또 찍어 봐요. 그래도 새 사진 두 장이 똑같을 거예요. 백 번쯤 그렇게 되풀이한 다음 마지막 사진을 첫 번째 사진이랑 비교해 봐요. 아마 꽤나 다를걸요? 여러분은 사진을 찍으면서 바로 그 전 사진이랑 다른 점을 거의 알아차리지 못했지만요. DNA도 마찬가지예요. 편형동물은 모두 자기 조상이랑 똑같아 보여요. 하지만 DNA는 시간이 흐르면서 아주 조금씩 달라지지요. DNA를 복사할 때 눈에 띄지 않는 정말 작은 실수가 일어나거든요. 수백 년, 수백만 년이 흐르면 그 차이는 엄청나게 커질 수 있어요.

게다가 부모가 둘이라면 차이가 나는 속도는 훨씬 더 빨라지지요. 여러분은 엄마나 아빠랑 똑같지 않아요. 여러분은 아빠의 긴 코나 엄마의 들창코, 또는 그 둘이 섞인 코를 물려받을 수 있어요. 유전자의 반만 엄마나 아빠한테서 받고 사분의 일은 할머니, 할아버지, 팔분의 일은 증조할머니, 증조할아버지한테서 받을 수도 있어요. 이렇게 된다면 훨씬 빨리 차이가 드러나게 마련이지요.

남을 죽이지 않고 어떻게 살아남을까요?

갑자기 엄청 많은 종들이 나타났어요. 지느러미나 근육이나 촉수로 움직이는 종의 출현이야말로 더 많은 종족이 폭발하는 출발점이 되었어요. 새로 나타나는 종들은 예전의 종보다 한층 더 활동적이었답니다. 많이 움직이면 그만큼 에너지 소모가 큰 법이죠. 어른은 보통 하루에 2500kcal가 필요한데 이는 초콜릿 크림을 바른 빵 열두 쪽에 해당해요. 자전거 선수들은 힘든 코스를 달리는 날에는 9000kcal까지 소모해요. 초콜릿 크림을 바른 빵 마흔두 쪽이에요. 그러니까 움직임이 관건이에요. 지구 위 최초의 동물들은 그리 많이 움직이지 않았어요. 그들은 세 가지 속도만 알고 있었지요. 천천히, 아주 천천히 그리고 정지. 이 동물들은 아주 조금만 먹어도 만족했어요. 하지만 새로 생겨난 동물들은 그렇지 않았지요. 그들은 양분이 많은 음식을 찾아 나서야 했어요. 어떤 음식에 에너지가 많을까요? 양상추 잎 한두 쪽에는 고작 몇 kcal만 들어 있어요. 최초의 동물들은 그것으로 충분했죠. 그들은 그냥 식물을 먹었어요. 하지만 새로운 동물들은 에너지가 더 많이 필요했고 그래서 그들은…… 다른 동물을 먹었어요. 그들은 자연에 나타난 최초의 살해자랍니다! 정확하게 말하자면 육식 동물이에요. 동물성 식품에는 식물성 식품보다 훨씬 더 많은 열량이 들어 있어요. 커다란 양상추를 두 통이나 먹어도 100kcal를 채우기 힘든데 소고기 스테이크는 100g만 먹어도 똑같은 열량을 얻을 수 있지요. (그래서 사자는 하루에 고기 몇 kg만 먹으면 충분한 반면 암소는 풀을 90kg이나 먹어야 한답니다.)

94

- 8부 -

5억 5000만 년 전 동물원은 어떻게 생겼을까요?

육식 동물은 진화의 속도에 큰 영향을 미쳤어요. 어떤 육식 동물이 살아남을 가능성이 가장 클까요? 가장 빠르고 가장 우수하고 또 가장 위험한 동물이겠죠. 그럼 어떤 피식 동물(먹잇감)이 살아남을 가능성이 클까요? 매우 잘 위장하고 방어해서 자기를 가장 잘 지키는 동물이겠죠. 그래서 육식 동물은 점점 더 빨라지고 우수해지고 위험해졌어요. 피식 동물은 다양한 방어 기술을 발전시켰고요. 그러면서 완전히 새로운 동물들이 생겨났어요.

그때 동물원이 있었다고 해 봐요. 아니, 커다란 수족관이 낫겠네요. 생물은 모두 아직 물속에 있었으니까요. 거기서 어떤 동물을 만나게 될까요? 아마 이런 것들이겠지요.

   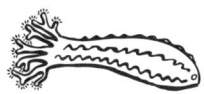 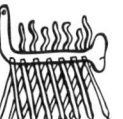 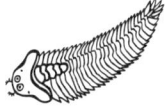 

① 오파비니아(OPABINIA)
길이는 약 8cm인데 눈이 다섯 개 달린 기이한 포식 동물이었어요. 코끝에 무엇이든 움켜쥘 수 있는 갈고리가 달려 있어 무기로 썼어요.

② 위왁시아(WIWAXIA)
초기 동물 가운데 하나로 몸에 난 비늘과 가시가 온몸을 보호해 줬어요. 크기는 몇 mm부터 5cm까지 다양해요.

③ 킴베렐라(KIMBERELLA)
해파리의 일종인지 아니면 달팽이 같은 연체동물인지 과학자들이 아직도 논쟁하고 있어요. 아마 그 둘 사이에 있는 어떤 동물일 수도 있어요. 킴베렐라에게는 특이한 껍질이 있었어요. 조개나 새우의 껍데기처럼 딱딱하진 않고 부드러우면서 유연했어요.

④ 해삼류(HOLOTHURIA)
특이한 수비 기술을 발휘하는 이상한 연체동물이에요. 위기에 몰렸을 때 몸속에 있는 것을 모두 배설하지요. 절대 멈추지 않아요! 심지어 장이 다 비었을 때도 내장 일부까지 계속 뱉어 낸답니다. 이 동물을 포위한 육식 동물은 당황해서 밖으로 튀어나온 내장을 먹어버려요. 해삼류는 그냥 계속 살아가지요. 내장은 나중에 다시 저절로 자라나요. (그나저나 우리는 이런 사실을 어떻게 알고 있을까요? 해삼류의 화석을 발견했을까요? 아뇨! 해삼류는 여전히 남아 있어요. 이걸 즐겨 먹는 사람도 꽤 많답니다.)

⑤ 할루키게니아(HALLUCIGENIA)
대체 이게 어떤 동물일까? 전문가들조차 난감했어요. 다리가 두 줄로 늘어서고 등에는 흐물흐물한 가시가 달렸는데 대체 이걸 어떻게 분류해야 할지 몰랐지요. 그래서 전문가들은 약을 너무 많이 먹었을 때 나타나는 기묘한 환상을 뜻하는 할루키게니아라고 불렀어요. 그런데 알고 보니 할루키게니아의 '다리'는 등에 난 보호가시였고 흐물흐물한 촉수 같은 가시가 진짜 발이었어요.

⑥ 스프리기나(SPRIGGINA)
그 무렵에는 최첨단 동물이었어요. 코와 눈이 있어서 먹이를 먹기 전에 그 모습을 보고 냄새를 맡을 수 있는 동물 가운데 하나였어요. 지금은 대수롭지 않은 일로 보이지만 그때만 해도 획기적인 발전이었답니다. 이들이 포식 동물이었다고 생각하는 과학자들도 있어요.

⑦ 아노말로카리스(ANOMALOCARIS)
이 동물의 화석은 한 조각씩 다 따로따로 발견되었어요. 과학자들은 도저히 정체를 모르겠다고 생각했죠. 오랜 시간이 흐른 뒤에야 그게 여러 동물이 아니라 한 동물이라는 걸 알게 됐어요. 크기가 1m에 이르는 거대한 동물 한 마리의 몸통, 입, 집게발이었던 거예요. 이 동물 이름이 아노말로카리스예요. 아노말로카리스는 굉대사마귀새우랑 조금 비슷했을 거예요. 광대사마귀새우는 작은 망치 같은 다리가 있는 일종의 보리새우예요. 그 망치 같은 다리로 빛의 속도로 먹이를 때려 죽이지요.

사냥 대 방어. 사냥 대 대피. 사냥 대 은폐. 이런 대결이 포식 동물과 피식 동물 사이에 끊임없이 일어나요. 그 전쟁은 여전히 이어지고 있어요. 무기 경쟁도 일어나지요. 포식 동물한테는 날카로운 이빨과 발톱이 생기고 피식 동물한테는 가시나 껍데기가 생겼어요. 껍데기는 몸을 안전하게 보호할 뿐 아니라 견고하게 만들어 줘요. 축 늘어진 몸을 어느 정도 붙잡아 주지요. 먹잇감들도 포식 동물 덕분에 실용적인 몸으로 발전한 셈이랍니다. 오늘날 토끼들은 옛날의 늑대들에게 감사해야 돼요. 물론 늑대도 토끼에게 감사해야 하지만요.

- 8부 -

어떤 동물들이 가장 성공적이었을까요?

두꺼운 조개껍데기가 어느날 갑자기 짜잔 하고 나타난 건 아니에요. 매우 실용적인 이 껍데기는 사실 우연히 생겨났답니다. 달팽이나 조개류, 갑각류의 선조들은 거의 무방비 상태였어요. 그렇지만 날마다 먹는 음식이 도움이 되었지요. 그들은 석회와 미네랄이 풍부한 음식을 먹었거든요. 몸이 흡수하지 못하는 단단한 성분은 결국 몸 바깥에 쌓이게 되었고 거기 더 많이 쌓일수록 자신을 잘 보호해서 더 잘 살아남을 수 있었지요.

딱 하나 문제가 있다면 그 무게였어요. 달팽이나 조개류, 갑각류의 선조들은 언제나 바닥을 기어 다녀야 했어요. 나우틸로이드한테는 해결책이 있었어요. 오징어와 비슷한 이 동물한테는 기다랗거나 둥그렇게 말린 달팽이 모양 집이 있었는데, 나우틸로이드는 그 안에 가스를 채우고 풍선처럼 물속에서 떠다닐 수 있었어요. 바닥 쪽으로 내려가고 싶으면 가스 대신 물을 채웠어요. 이렇게 그들은 가고 싶은 곳 어디든지 갈 수 있었어요. 나우틸로이드는 이를 통해 매우 강력해졌어요. 어떤 것들은 1m 길이의 괴물로 자라났어요. 지구 위 어떤 동물도 이 포식 동물을 이길 가능성은 전혀 없었어요. 그에 맞서서 무엇인가 해 볼 수 있는 유일한 동물은 암모나이트였는데 그들은 나우틸로이드랑 아주 닮았지요.

98

누가 삼엽충을 멸종시켰을까요?

딱딱하고 두꺼운 껍데기는 방어에 쓸모가 있었어요. 하지만 그보다 몸의 움직임을 따라 같이 움직이는 갑옷이 훨씬 더 실용적이죠. 이런 갑옷을 입은 동물을 절지동물이라고 해요. 잘 구부러지는 갑옷은 절지동물을 나우틸로이드나 암모나이트처럼 성공적으로 살아가게 해 주죠. 절지동물은 아주 작은 것부터 거대한 것까지 온갖 종류가 있어요. 바다에는 그런 절지동물이 득실거렸어요. 지금도 여전히 그래요. 새우, 게, 거미, 지네 등등 모두 절지동물이에요. 지금은 지구에서 사라진 절지동물 중에는 삼엽충이 있어요. 삼엽충은 번데기 모양 과자나 쥐며느리처럼 생겼는데 때로는 1m까지 커졌답니다.

삼엽충은 화석을 수천 종류나 남겼어요. 삼엽충이 워낙 많기도 했지만 갑옷 덕분에 흔적이 분명하게 남았기 때문이에요. 그래서 우리는 삼엽충에 대해 많은 것을 알고 있어요. 어떤 삼엽충은 눈이 꽤 좋았어요. 반면 어떤 삼엽충은 아무것도 보지 못한 채 진흙 속을 기어 다녔죠. 또 어떤 진흙 삼엽충들은 줄기 같은 자루 위에 눈이 달려 있어서 자기들 주변에 어떤 일이 일어나는지 정확하게 알고 있었어요. 눈이 아예 없는 삼엽충도 있었어요. 그들은 햇빛이 전혀 들지 않아서 어차피 아무것도 볼 수 없는 깊은 물속에 살았지요. 삼엽충은 고생대에 가장 잘 사는 생물에 속했는데 어느 날 갑자기 멸종했어요. 어떻게 그런 일이 일어났는지는 여전히 커다란 수수께끼예요. 사실 삼엽충한테는 살아남기 위해 필요한 게 다 있었거든요. 어쨌든 삼엽충은 오늘날 가장 번성한 동물인 곤충이랑 비슷한 점이 있어요. 그들을 곤충의 선행자라고 부를 수도 있을 거예요. 물론 물속에서지만요.

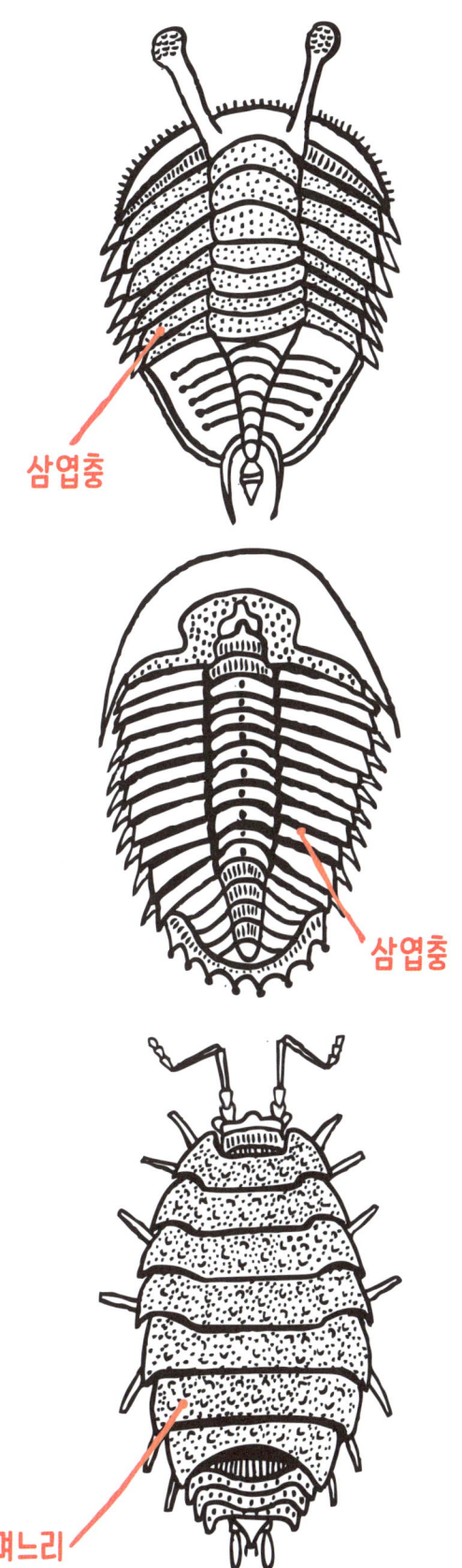

- 8부 -

우리는 어떤 바다 동물에서 나왔을까요?

삼엽충은 오늘날의 곤충과 관련이 있다고 했죠. 그렇다면 우리 인간은 어떤 동물과 관련이 있을까요? 우리는 어떤 동물에서 나왔을까요? 먹이를 위협하는 나우틸로이드? 무시무시한 아노말로카리스? 설마 우둔한 킴베렐라? 사실 그보다 훨씬 더 나빠요. 우리와 가장 가까운 친족은 멍게나 미더덕 같은 피낭동물이에요. 피낭동물은 흐늘거리는 젤리 주머니랑 닮았어요. 더욱 끔찍한 건 우리 유전자가 이 별 거 아닌 동물이랑 80%가 똑같다는 사실이죠.

우리랑 유전자가 80%나 똑같다니, 다 자란 피낭동물을 보면 도저히 있을 수 없는 일로 보여요. 하지만 피낭동물의 애벌레한테는 인간한테 있는 척추가 있어요. 피낭동물 애벌레의 척추는 어릴 때만 보이지 다 자라면 눈에 띄지 않아요. 척추는 우리 몸에서 매우 중요한 부분이에요. 그러니까 우리는 아무리 잘 봐 줘야 꽃이랑 비슷한, 건들건들 흔들리는 젤리한테서 나온 셈이에요. 하지만 그게 다일 거라고, 더 나빠질 수는 없을 거라고 생각하지 마요! 어떤 피낭동물들은 먹장어로 발전했는데 우리는 먹장어랑 공통점이 더 많다니까요.

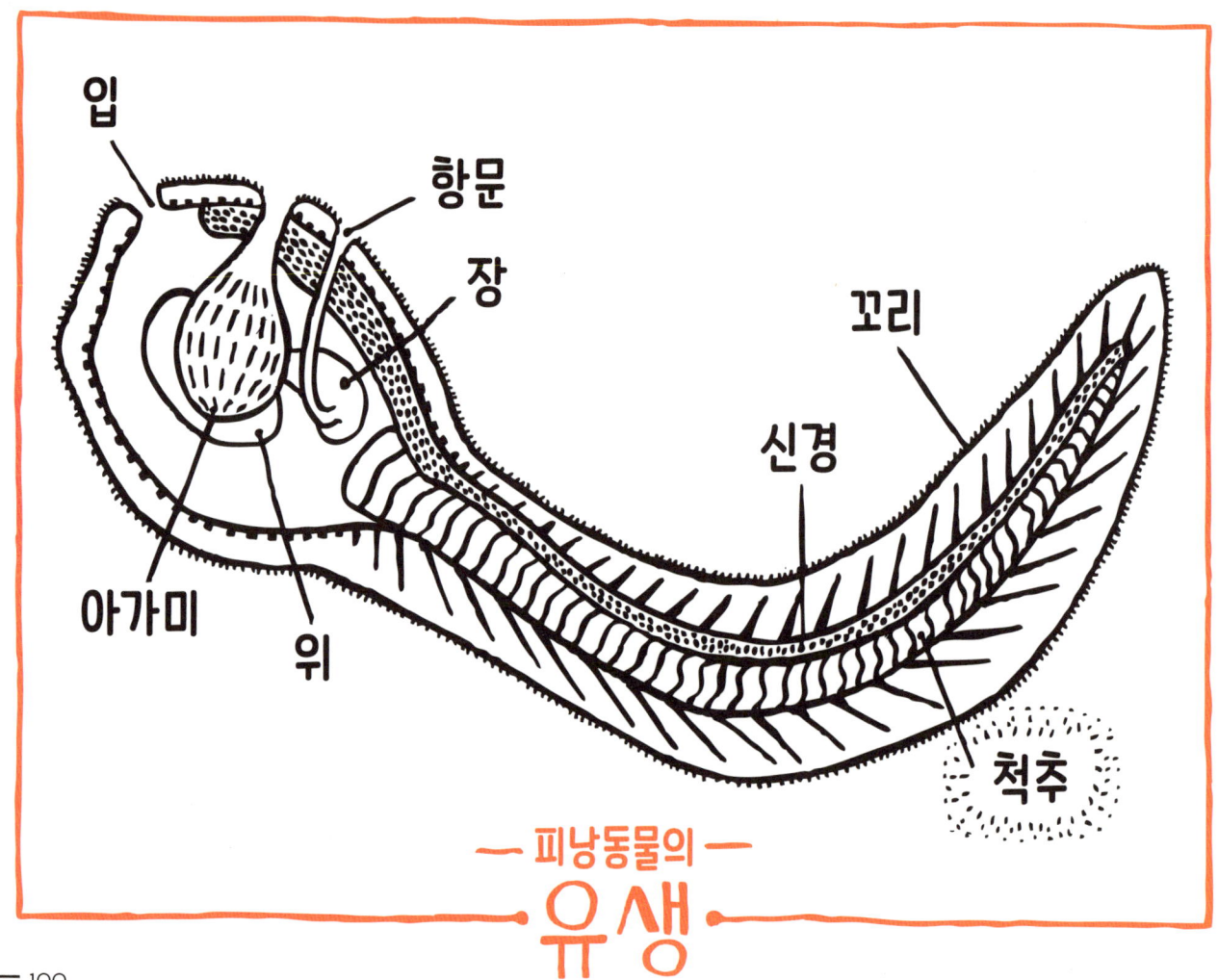

피낭동물의 유생

– 태고의 바다에서 살아남기 –

우리는 뺀질이에게서 나왔을까요?

먹장어는 턱이 없는 기다란 물고기예요. 아주 미끈미끈한데 위험에 처하면 점액을 엄청 많이 분비해서 자신을 보호하지요. 이 점액은 물이랑 만나면 부풀어 올라서 두터운 보호막을 형성해요. 먹장어 한 마리는 자기 점액으로 커다란 양동이 가득한 물을 젤리처럼 바꿀 수 있어요. 그 양동이를 들어서 머리 위에 뒤집어써도 아무것도 흘러나오지 않을 정도지요. 우리 조상이 그런 뺀질이였다니까요! 하지만 좋은 소식이 남아 있어요. 턱이 있는 진짜 물고기가 먹장어에서 나왔는데 그 종은 우리랑 더 가까운 친족이랍니다. 그나마 다행이지요!

조개나 달팽이, 절지동물은 모두 뼈대가 몸 바깥에 있어요. 하지만 어류, 조류, 파충류, 포유류는 뼈대가 몸 안에 있어요. 사실 그게 움직일 때 훨씬 더 낫거든요. 이런 새로운 성과는 바다에 가장 위험한 포식 동물이 생겨나는 결과로 이어졌어요. 바로 메가로돈이죠. 메가로돈은 일종의 상어로 수백만 년 동안 바다를 불안에 떨게 했어요. 150만 년 전에야 멸종됐는데 기뻐할 만한 일이지요. 메가로돈은 거의 버스 한 대만 한데 입만 해도 커다란 칠판 크기랍니다. 암소 한 마리쯤은 제대로 씹지도 않고 한입에 꿀꺽 삼킬 수 있었을 거예요. 엄청난 크기의 이빨이 특징인데, 메가로돈이라는 이름도 '큰 이빨'이라는 뜻의 그리스어예요.

우리는 이 상어랑 공통점이 많아요. 우리는 물고기의 후손이거든요. 잘 살펴보면 여러분도 우리 안에 물고기 같은 면이 많다는 것을 알아차릴 수 있을 거예요.

메가로돈의 이빨 (실제 크기가 이 정도예요!)

— 9부 —

반은 물고기, 반은 사람

- 9부 -

어떻게 물고기가 네발짐승이 됐을까요?

지구상에서 무생물이 생물이 된 사건 다음으로 가장 큰 변화는 여러 생물의 서식지가 육지로 바뀐 거예요. 바다가 익숙했던 동물과 식물이 사는 곳을 옮겨 땅과 공기에 익숙해지는 데는 수십억 년이 걸렸어요. 식물을 보면 그런 일이 어떻게 일어났는지 그리 어렵지 않게 상상할 수 있어요. 지금도 어떤 식물들은 여전히 물속에 있으면서도 반쯤 물 위로 튀어나와 있지요. 달팽이와 지렁이도 짐작하기 쉬워요. 바닷속에서도 살고 땅 위에서도 사는데 두 종류가 똑같이 생겼거든요. 낙엽이나 돌 밑 습한 곳에 사는 쥐며느리한테는 물에서 산소를 흡수할 수 있는 아가미가 있어요. 수생 동물의 후손인 게 틀림없죠? 사실 쥐며느리는 현대적인 삼엽충인 셈이에요.

폐가 있는 물고기는 얼마나 특별할까요?

그렇다면 우리 포유류는 어떨까요? 어떻게 물고기에서 네발짐승이 됐을까요? 다른 이야기부터 해 보죠. 생선 가게 앞을 한 번만 지나가도 물이 없는 곳에서 물고기의 가장 큰 문제가 무엇인지 알 수 있어요. 물고기는 공기 중에서 숨을 쉴 수가 없어요. 물고기한테는 아가미가 있을 뿐 폐가 없으니까요. 청어나 고등어 같은 물고기는 물 밖으로 나오면 아주 잠깐 견디다가 곧 죽고 말아요. 그러니 바다에서 땅으로 서식지를 옮기는 일이 어떻게 일어났는지, 진화를 연구한 초기 과학자들에게는 아주 큰 수수께끼였지요. 그러다가 남아메리카에서 아주 놀라운 물고기를 만났답니다! 물고기는 물고기인데 폐가 있었어요. 얼마 지나지 않아 아프리카와 오스트레일리아에서도 이런 폐어를 발견했어요. 무척이나 기이한 이 동물 덕분에 진화의 수수께끼가 일정 부분 풀렸지요. 그나저나 무척이나 기이하다니…… 거기 사는 사람들은 이 물고기를 먹기도 하는데.

어떻게 아가미가 폐가 될까요?

그런데 물고기한테 폐가 있다니요? 어떻게 아가미가 갑자기 폐가 될까요? 대답은, 아가미가 갑자기 폐가 되지는 않았다는 거예요. 폐어한테는 폐가 있지만 아가미도 있어요! 그래서 물속에서도 물 밖에서도 숨을 쉴 수 있어요. 그렇다면 이 폐는 어디에서 왔을까요? 많은 물고기가 이용하는 중요한 기관, 부레에서 나왔답니다. 부레는 물고기 몸속에 들어 있는 일종의 풍선인데, 물고기들은 위로 가고 싶을 때면 부레를 공기로 부풀려요. 공기는 물보다 가벼우니까요. 이 '풍선'이 크면 클수록 더 빨리 위로 갈 수 있어요. 다시 아래로 내려가고 싶으면 그냥 공기를 조금 내보내지요. 참치나 고등어처럼 부레가 없거나 기능이 퇴화한 물고기들도 있어요. 이 물고기들은 언제나 빠르게 움직이며 쉬지 않고 헤엄쳐요. 위든 아래든 가고 싶은 방향으로요. 알고 보면 부레는 참 실용적인 기관이에요. 나중에 이 유용한 기관에서 폐가 생겨나는 물고기도 있어요.

어떻게 물고기에게 다리가 생길까요?

그럼 다리는 어떻게 나왔어요? 어떻게 지느러미가 발로 변했을까요? 똑같은 물고기에게 그 대답이 있어요. 폐어한테는 때때로 실제 다리처럼 보이는 특이한 지느러미가 있어요. 마치 앞다리, 뒷다리처럼 둘은 한쪽에, 다른 둘은 반대쪽에 달려 있죠. 어떤 물고기들은 이 지느러미를 걸을 때도 사용해요. 대개 물속에서 그러지만 폐어는 땅 위에서도 그 지느러미로 기어 다닐 수 있답니다.

폐어가 땅 위에서 아무리 잘 움직인다고 해도 폐어는 물고기고 물고기는 물속에 살아요. 폐어도 물속을 가장 편안해해요. 양서류는 물고기가 아니에요. 그들은 살아남기 위해서 땅이 필요하지요. 양서류와 어류는 완전히 다른 종류의 동물이에요. 언젠가 양서류와 어류 사이에 과도기 동물이 있어서 이리저리 헤엄치거나 걸어 다녔을 거예요. 당연히 그런 화석도 있겠죠?

- 9부 -

이제 진심으로 사과해야겠어요

나는 다시는 반만 이야기를 하지 않을 것이다…
나는 다시는 반만 이야기를 하지 않을 것이다…
나는 다시는 반만 이야기를 하지 않을 것이다…
나는 다시는 반만 이야기를 하지 않을 것이다…
나는 다시는 반만 이야기를 하지 않을 것이다…
나는 다시는 반만 이야기를 하지 않을 것이다…
나는 다시는 반만 이야기를 하지 않을 것이다…
나는 다시는 반만 이야기를 하지 않을 것이다…
나는 다시는 반만 이야기를 하지 않을 것이다…
나는 다시는 반만 이야기를 하지 않을 것이다…
나는 다시는 반만 이야기를 하지

여기서 나는 어류와 양서류 사이의 화석에 대한 이야기를 하고 싶었어요. 그런데 그 전에 제대로 사과부터 해야겠어요. 앞쪽 지구의 나이에 대한 장에서 지리학자들이 암석층의 나이를 어떻게 결정하는지 말했었죠? 그때 화석을 보고 정한다고 했잖아요. 하지만 사실 그게 전부는 아니에요. 화석의 나이는…… 화석이 발견된 곳의 암석을 근거로 정해지거든요. 이건 마치 닭이 먼저냐, 달걀이 먼저냐 하는 암탉과 달걀의 문제 같지요. 화석의 나이를 결정하기 위해서 암석의 종류를 이용하는데, 암석의 종류를 결정하기 위해서는? 그래요, 맞아요. 화석을 이용하죠. 마치 손목시계의 시각을 보고 벽시계의 시각을 맞추고 손목시계 시각은 바로 그 벽시계 시각에 맞추는 것처럼 말이에요. 그래도 연대를 추정하기가 불가능하지는 않아요.

왜 우리는 칠판에 화석으로 글씨를 쓸까요?

연대 추정은 퍼즐 게임이랑 비슷해요. 조각이 엄청 많은 퍼즐이죠. 땅을 깊이 파면 깊이 팔수록 더 오래된 암석층이 나와요. 그래서 암석층의 깊이를 보면 이게 얼마나 오래됐는지 조금은 알 수 있어요. 암석의 종류도 과거에 대해서 많은 것을 이야기해 줘요. 백악(입자가 고운 하얀색 석회암*)을 예로 들어 볼게요. 프랑스와 영국 해안에는 백악이 포함된 커다란 절벽이 있어요. 백악은 작은 바다 동물의 껍데기로 이루어져 있어요. 이 껍데기가 바다 밑에 가라앉고 그 위에 다시금 새로운 껍데기가 쌓였죠. 만약 백악으로 만들어진 분필로 오래된 학교 칠판의 수학 문제를 푼다면 1억 년 된 화석으로 문제를 푸는 셈이죠. 거대한 백악 절벽은 아주 오래전에 그곳에 바다가 있었음을 이야기해 준답니다.

물론 수십 m 두께의 백악층은 하룻밤 사이에 생겨난 게 아니에요. 백악이 쌓이는 데 수백만 년이 걸렸어요. 1m 두께의 백악층 아래에서 화석을 발견한다면 이 화석이 수백만 년 됐다는 사실을 알 수 있죠. 이렇듯 모든 암석은 자기만의 비밀을 이야기해 줘요. 화석도 마찬가지예요. 한때 지구에는 삼엽충이 득실거렸어요. 그래서 우리가 수많은 화석을 찾을 수 있었죠. 하지만 이런 삼엽충은 아주 '오래된' 암석층에서만 만날 수 있어요. 삼엽충은 아주 오래전에 멸종했거든요. 어떤 암석층에서 삼엽충과 상어의 화석을 동시에 발견한다면 삼엽충이 살던 시대에 상어도 살고 있었다는 뜻이지요. 어쩌면 상어가 삼엽충을 먹어 치워서 그 멸종에 기여했는지도 몰라요.

땅을 충분히 깊게 파기만 한다면 저절로 화석을 발견할까요?

이 모든 정보를 한데 모은다면 생물 연대표를 만들 수 있을 거예요. 가장 오래되고 깊은 층에서는 생명의 흔적

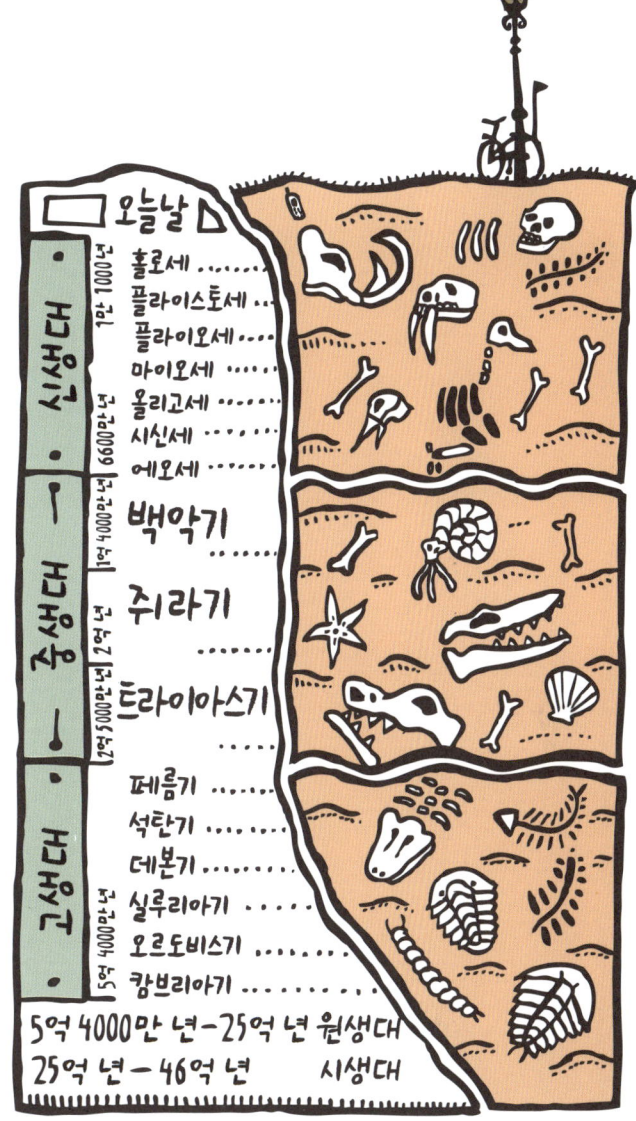

을 찾을 수 없었어요. 조금 더 위에서는 최초의 해파리와 편형동물을 찾을 수 있었지요. 그 다음엔 갑각류가 있었고 이런 식으로 포유류까지 올라오지요. 덧붙이자면, 진화 전체가 어떻게 흘러가는지 한눈에 딱 보여 주는 지층이 있으리라고는 생각하지 마세요. 화석은 아주 특수한 상황에서만 생기거든요. 어떤 한 장소에 수억 년에 걸쳐서 잇달아 화석이 만들어질 가능성은 거의 없어요. 그러니까 이 퍼즐을 맞추려면 온 세상의 다양한 암석층을 서로 비교해야 돼요. 게다가 지구는 가만히 멈춰 있질 않아요. 우리가 눈치 채지 못하는 사이 특정한 방향으로 미끄러져 가고 있어요.

- 9부 -

왜 아프리카에 있는 돌과 똑같은 돌이 아메리카에도 있을까요?

암석과 화석의 연대에 관한 정보가 담긴 퍼즐 조각이 하나 더 있어요. 바로 지구 자체예요! 아프리카에서 아메리카로 가려면 배나 비행기를 타고 한참 가야 하지만, 이 거리를 헤엄쳐서 갈 수 있던 적도 있었답니다. 심지어 언젠가는 아프리카에서 아메리카로 폴짝 건너뛸 수도 있었어요. 아주 오래전에는 두 대륙이 서로 붙어 있었거든요. 잘 살펴보면 남아메리카의 동쪽 해안선과 아프리카의 서쪽 해안선이 꼭 들어맞는 게 보일 거예요. 두 해안가의 암석층마저 똑같았어요. 20m, 100m, 200m 깊이로 구덩이를 파면 아프리카 서쪽 해안의 카메룬 서부에 있는 것과 똑같은 암석층이 남아메리카 동쪽 해안에 있는 브라질 동부에서 나올 거예요. 마치 사과 한쪽을 둘로 쪼갠 것처럼 말이죠.

옛날에는 극지방에서도 야자가 자랐을까요?

대륙이 이동하는 건 지각이 여러 조각, 즉 '판'으로 갈라져 있기 때문이에요. 이 조각들은 지하에 작용하는 힘에 의해 움직이게 돼요. 그래서 아프리카와 아메리카는 날마다 조금씩 더 멀어진답니다. 아주 천천히, 손톱이 자라는 속도 정도로. 두 대륙이 얼마나 오랫동안 멀어져 왔는지 상상할 수 있겠죠. 다시 서로 포개지는 조각도 있어요. 그런 곳에서는 어떤 판이 다른 판 아래로 밀고 들어가지요. 어떤 조각들은 서로 스쳐 지나가고요.

지구 나이는 수십억 살이 되었지요. 아주 옛날에는 대륙의 모습이 지금과는 완전히 달랐답니다. 한때 지금의 극지방이 적도에 있었고 적도는 극지방에 있었어요. 지금 우리는 옛날에 어떤 대륙이 어디 있었는지 알 수 있어요. 그 정보를 통해 다시금 새로운 정보를 얻어 내지요. 만약 저 북쪽에서 파충류나 야자수의 화석이 나온다면 그 화석은 수억 년 동안 그 자리에 있었던 거예요. 그 지역이 적도 가까이 있던 때부터요. 혹은 지구가 아주 더 웠을 때부터요. 물론 아주 확실하게 단언할 수는 없어요. 예를 들어 그린란드는 아주 오랫동안 북쪽에 있었지만, 예전에는 지구가 어찌나 더웠는지 북극에 바짝 붙어 있는 곳에서도 야자수가 자랄 수 있었어요.

네덜란드의 매머드가 영국으로 헤엄쳐 갔을까요?

그래서 우리는 지구가 빙하기를 겪던 시대부터 따뜻했던 시대까지, 지구의 기온 변화에서도 많은 정보를 끌어 내요. 2억 5000만 년 전 중부 유럽은 오늘날 스페인처럼 아주 따뜻했어요. 하지만 14만 년 전에는 여름에도 추위에 덜덜 떨어야 했어요. 북유럽에는 300m 두께에 이르는 얼음이 덮여 있었고요. 게다가 아주 건조하고 해수면은 지금보다 훨씬 낮아서 북해(영국과 유럽 대륙의 벨기에, 네덜란드, 독일, 덴마크, 노르웨이 사이의 바다*)도 없었을 거예

요. 그때는 유럽 대륙에서 영국으로 그냥 달려갈 수도 있었어요. 바닷가에서 때때로 매머드 이빨이 발견되는 이유가 설명되죠. 그러니까 높은 온도를 좋아하는 야자수나 파충류 화석이 나온다면 그건 지구가 추웠던 시기에 만들어진 게 아니랍니다.

그럼 암석은 대체 얼마나 오래됐을까요?

퍼즐 조각 두어 개 정도로는 그다지 큰 도움이 되지 않아요. 하지만 퍼즐 조각을 모두 모으면 지구의 어떤 장소가 특정한 시기에 어땠는지 눈에 보이듯 확실히 알 수 있어요. 얼마나 오래됐는지 모르는 암석이라도 그 속에서 프실로케라스 암모나이트 껍데기를 찾는다면 이 암석층이 2억 년쯤 됐다는 사실을 알 수 있죠.

게다가 오늘날 우리는 방사성 원소의 붕괴로 연대를 측정하는 방법을 알고 있어요. 그래서 암석이나 화석이 어떤 시대 건지 더 잘 파악할 수 있어요. 아, 힘들어. 이래서 내가 암석의 연대에 관한 모든 정보를 몇 문장으로 요약할 수 없었던 거예요. 그렇지만 물고기가 어떻게 네발짐승이 되었는지 이해하려면 이런 지식이 다 중요하지요.

- 9부 -

가장 멋진 화석을 어디서 발견할까요?

구덩이를 깊이 팔수록 더 오랜 옛날로 시간 여행을 떠날 수 있어요. 가장 멋지고 오래된 화석은 거대한 암석층과 지층 아래 깊숙하게 숨어 있는 법이죠. 그렇다고 수억 년 된 암석을 지표면에서 발견할 수 없다는 뜻은 아니에요. 어떤 암석층은 날마다 많은 양의 모래가 불어와 사포처럼 밀어내는 바람에 닳아 없어지기도 해요. 모로코의 사막이 그렇게 생겨났어요. 그곳에서는 아주 멋진 화석을 찾을 수 있어요. 여기저기 바닥에 그냥 놓여 있거든요. 캐나다 동해안에서는 바위가 파도와 바람, 얼음과 돌에 깎여 나가요. 그곳에서도 특별한 화석이 발견돼요. 한편 어떤 바위 조각들은 높은 곳으로 밀려 올라가 산이 된답니다. 그래서 느닷없이 산에서 바다 달팽이나 조개의 화석이 발견되곤 하죠. 심지어 히말라야 산꼭대기에서도요.

양서어류를 어떻게 찾을까요?

내가 원하는 것을 어디에서 찾아야 하는지 알고 있다면 그걸 찾을 확률이 훨씬 커지겠지요. 그래서 유능한 고생물학자(화석을 연구하는 사람들을 그렇게 불러요.)들은 그냥 무턱대고 아무 데서나 구덩이를 파지 않아요. 우선 암석과 그 주변 상황을 꼼꼼하게 연구하지요. 고생물학자 닐 슈빈은 반은 양서류이고 반은 어류인 생물체가 있었다고 믿고 그런 동물의 화석을 찾아 나서기 위해 알려진 모든 지식을 이용했어요. 진화 단계 중간에 빠져 있는 화석 발굴은 진화를 연구하는 데 무척이나 중요해요. 판데리크티스처럼 양서류와 비슷해 보이는 물고기의 화석은 이미 발굴된 상황이었어요. 이 물고기한테는 개구리 같은 머리, 거북이 같은 다리, 별로 물고기 같지 않은 긴 꼬리가 있었죠. 지느러미에 손가락처럼 보이는 뼈도 있었어요. 그래도 판데리크티스는 물고기였어요. 이보다 나중에 아칸토스테가가 등장했지요. 헤엄을 아주 잘 쳐서 주로 물에서 머물렀어요. 아칸토스테가는 다리가 달린 뱀장어처럼 생겼지만 분명 양서류였어요. 그 사이에 있었던 동물의 화석은 발견되지 않았기에 닐 슈빈은 어류가 양서류로 진화했다는 결정적인 증거를 찾고 싶어 했어요. 대체…… 그런 걸 어디서 찾죠?

화석을 찾으려면 무엇이 필요할까요?

닐 슈빈은 특정한 종류의 화석을 찾으려면 세 가지 조건이 맞아떨어져야 한다는 사실을 알았죠. 여러분도 화석을 찾아 나서고 싶다면 이 조건을 알아두는 게 좋을 거예요. 우선 연대가 딱 맞는 암석층을 찾아 살펴야 해요. 둘째로 화석을 잘 보존하고 있을 만한 종류의 암석을 찾아야 해요. 마지막으로 운이 좋아야 해요. 그것도 그냥이 아니라 무지막지하게 좋아야 하지요.

첫째 조건인 연대가 맞는 암석층을 찾는 건 그리 어렵지 않아요. 계산만 잘하면 되거든요. 어류를 닮은 양서류와 양서류와 닮은 어류의 화석은 3억 6500만 년에서 3억 8000만 년쯤 살았어요. 그러니 슈빈은 그 사이 어딘가에 있는 화석을 찾으면 되지요. 한 3억 7500만 년쯤 된? 이런 종류의 암석층이 어디 있는지 요즘은 인터넷으로 간단하게 조사할 수 있어요. 슈빈도 그렇게 했답니다.

두 번째 조건, 화석을 보존하고 있을 만한 암석을 찾는 것도 그리 어렵지 않아요. 옛날에 용암이었다가 굳어 버린 암석을 살펴보는 건 별 의미가 없어요. 돌도 녹일 온도에서 대체 어떤 화석이 남아나겠어요? 석회암(수생 동물의 뼈나 껍질이 쌓여 생긴 퇴적암으로 주성분은 탄산 칼슘임*)이나 사암(모래가 뭉치고 굳어져서 생긴 암석*) 같은 암석이 적합할 거예요. 그런 암석층이 어디 있는지도 인터넷에서 다 알아볼 수 있어요. 적당한 연대의 이런 암석이 어디 있는지 살펴보다가 슈빈은 세 군데를 찾아냈어요. 첫 번째 지역은 여러 건물이 많이 세워진 지역이었어요. 주차장 빌딩 아래를 파는 게 그리 쉽진 않을 테니까 이건 뭐, 고려해 볼 필요도 없었지요. 두 번째 지역은 다른 고생물학자들이 이미 점검해 봤던 장소였어요. 다른 사람이 못 보고 지나친 것을 슈빈이 발견할 가능성은 아주 적으니까 여기도 팔 필요가 없겠지요. 세 번째 지역은 아무도 가지 않았던 캐나다 북부의 드넓은 평원이었어요. 여기야말로 슈빈이 가야 할 곳이었어요.

그래서요? 화석을 찾았어요?

극지방에는 거의 일 년 내내 얼음이 얼어 있어요. 슈빈은 기온이 영상 10℃쯤 올라가는 여름에만 그곳에 갈 수 있었지요. 그는 여름 몇 주 동안 사방 100km에 이르는 넓은 지역에서 1m가 조금 넘는 동물의 화석을 찾아야 했답니다. 그래서 셋째 조건이 그토록 중요한 거예요. 운이 따르지 않는다면 원하는 화석을 절대 찾을 수 없어요.

슈빈이 옳았어요. 극지방에서는 많은 양의 화석을 찾을 수 있었어요. 하지만 아쉽게도 대부분 심해어류(빛이 희미해지는 수심 200m 이상의 깊은 바다에 사는 어류*)의 화석이었어요. 반은 땅에서, 반은 물에서 사는 동물은 당연히 얕은 물에 살았겠지요. 첫 번째 탐색을 마친 뒤 슈빈은 많은 화석을 가져왔지만 찾던 화석은 없었어요. 이듬해도 마찬가지였어요. 그다음 해도요. 하지만 2006년 네 번째 탐험에서 드디어 머리가 악어처럼 납작한 동물을 발견했어요. 어류처럼 비늘이랑 지느러미가 있으면서도 양서류처럼 목이랑 갈빗대가 있었어요! 마침내 자기가 찾던 동물을 발견한 거예요. 어류도 아니고 양서류도 아니지만, 그 두 가지 다인 동물 말이에요. 슈빈은 그 동물에게 '틱타알릭'이라는 이름을 붙였어요. 캐나다 북극이랑 그린란드에 사는 이누이트 족의 말로 '커다란 민물고기'란 뜻이랍니다.

이로써 슈빈은 양서류가 어류에서 유래했다는 결정적인 증거를 찾아냈어요.

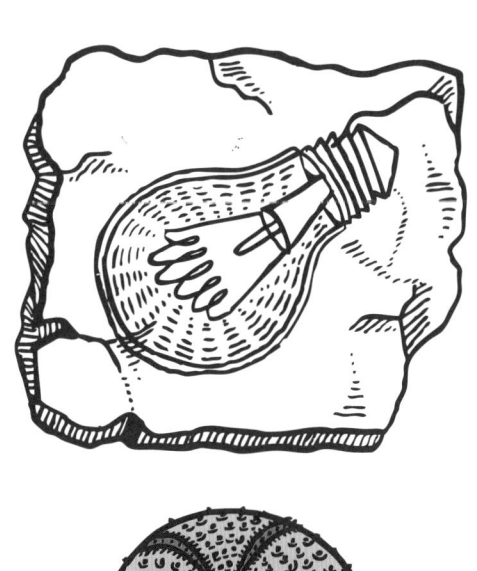

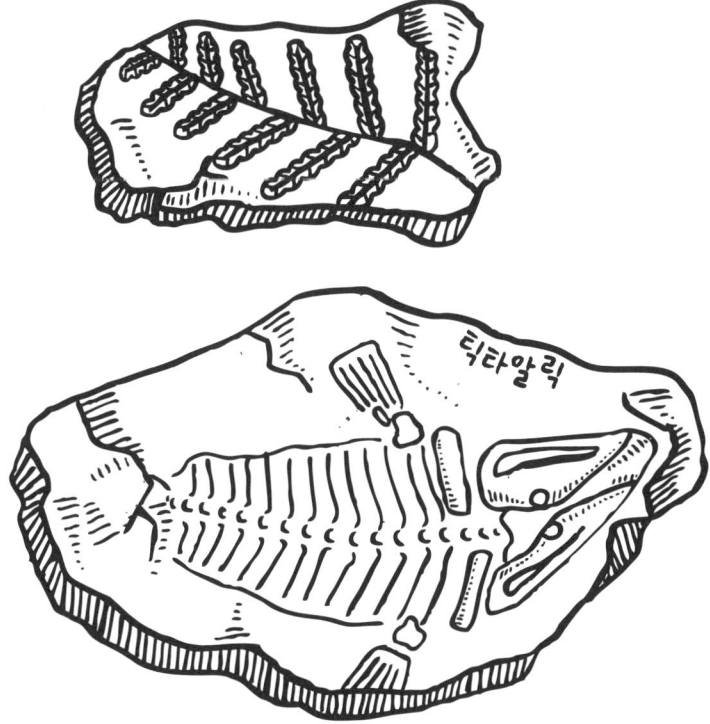

얀 그로스가 상어랑 비슷해 보일까요?

그 후 다양한 틱타알릭 표본이 더 많이 발견됐어요. 그 가운데 하나는 거의 3m 길이에 이른답니다. 그런데 우리는 3억 8300만 년 된 이 '양서어류'랑 얼마나 닮았을까요? 어쩌면 여러분이 생각하는 것보다 훨씬 더 많이 닮았을 거예요.

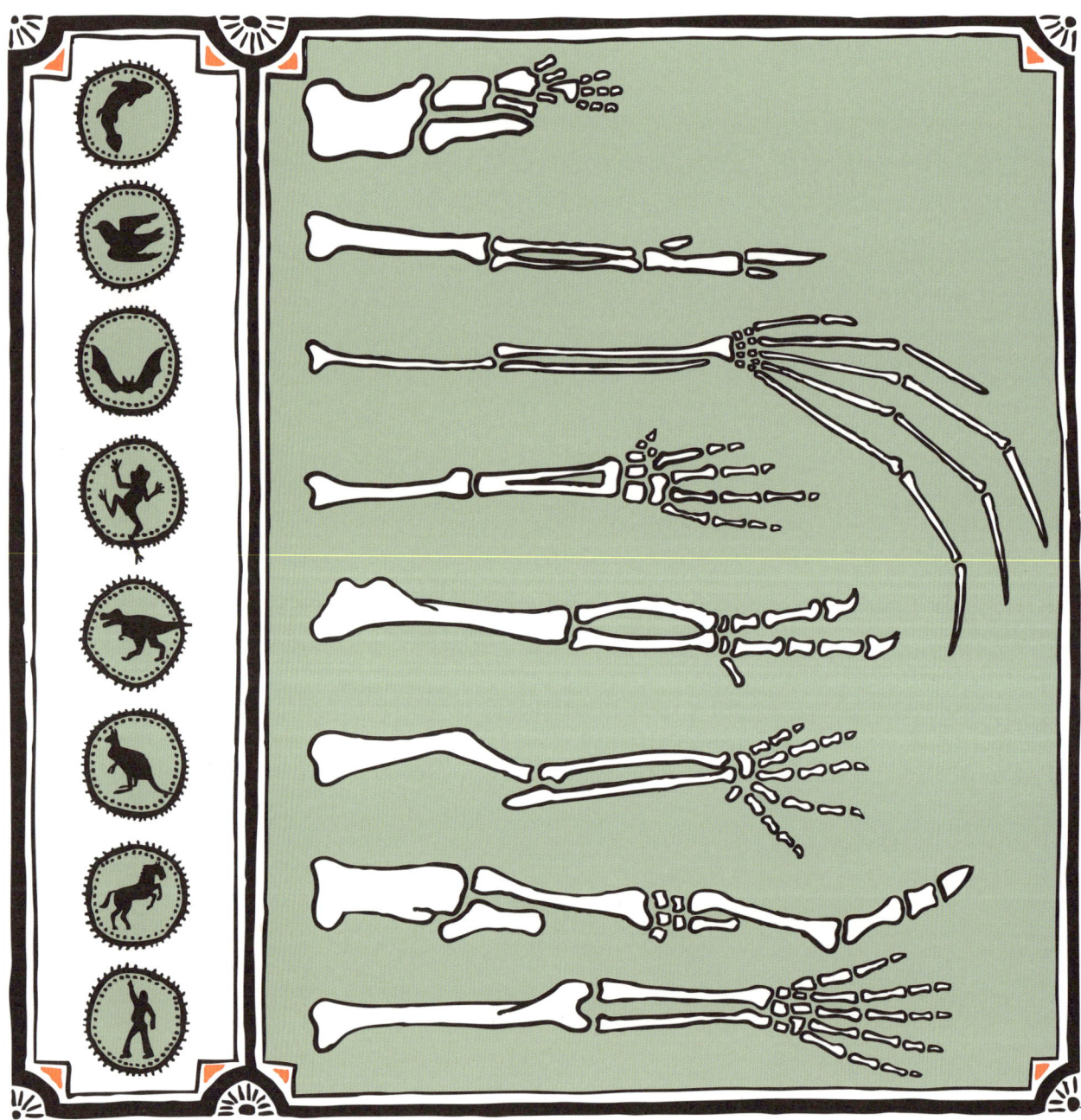

얀 그로스한테는 틱타알릭의 팔이 있을까요?

나중에 양서류로 발전할 어류한테는 특별한 표식이 있었어요. 양서류, 파충류, 조류, 포유류가 모두 가지고 있는 특징이었죠. 틱타알릭의 앞 지느러미는 얀 그로스의 팔이랑 그 구조가 똑같답니다.

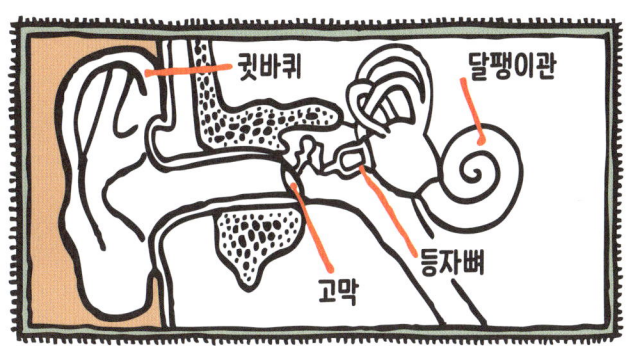

얀 그로스의(그리고 여러분의) 팔은 커다란 위팔뼈에서 시작해요. 이게 팔꿈치에서 두 개의 뼈, 자뼈와 노뼈로 넘어가지요. 작은 뼈들의 모임인 손목뼈가 끼어들고 난 다음 손바닥뼈와 손가락뼈가 이어져요. 틱타알릭과 그와 같은 종에서 나온 후손인 개구리에서 박쥐, 멧비둘기에서 티라노사우루스 렉스, 벌새에서 캥거루까지 모든 동물들의 '팔' 구조가 다 똑같아요. 모두 앞다리나 날개가 뼈 하나로 시작해서 뼈 두 개를 지나 갖가지 작은 뼈로 갈라진 다음 손가락이랑 비슷한 뼈로 이어지지요.

왜 말발굽이 인간의 손이랑 비슷할까요?

육상 동물의 구조는 다 똑같아요. 물론 그 형태와 크기는 조금씩 다르지요. 그렇지 않다면 박쥐가 코끼리 앞발로 날아가야 할 거예요. 박쥐의 팔 역시 새의 팔이랑 다르게 생겼어요. 새한테는 평범한 길이의 '손가락 마디'가 있고 날개는 대부분 뼈가 없는 깃털로 이루어졌어요. 박쥐의 날개는 새와는 달리 무척이나 길고 가느다란 손가락 마디가 있어서 마치 커다란 손 같아요. 말은 손바닥뼈 가운데 하나가 크게 자라나서 중간 마디가 훨씬 더 굵어지고 나머지는 거의 다 사라졌어요. 말발굽은 사실 우리 가운데 손가락 손톱에 해당한답니다! 개구리는 다른 뼈가 너무 길어지는 바람에 말이랑은 전혀 다르지만 그래도 그 구조는 똑같아요. 심지어 3억 6000만 년 된 아칸토스테가의 다리도 얀 그로스의 팔과 구조가 비슷하다니까요.

우리는 상어 아가미로 듣는 거예요?

우리가 진화의 과정을 거슬러 오랜 옛날로 되돌아간다면 지금의 이런 팔 구조는 점점 더 사라지는 것을 보게 될 거예요. 그리고 연골로 이루어진 물고기가 더 많아질 거예요. 현대 물고기에게는 우리한테서 사라져 버린 뼈가 있고 또 우리 인간에게 있는 뼈가 물고기한테는 없지요. 우리한테는 거센 충격에서 심장과 폐를 보호해 주는 갈비뼈가 있지만 물속에서는 갈비뼈가 필요 없어요. 그래도 인간과 상어는 서로 공통점이 많아요. 인간한테는 아가미가 없지만 그 유물은 여전히 머릿속에 남아 있어요.

물고기 아가미에서 나온 그 부분은 귓속에서 우리가 듣는 걸 도와줘요. 그 중 하나가 아주 작은 등자뼈인데 소리의 진동을 전달해 주는 귓속뼈의 하나예요. 오랜 세월 진화를 거듭했음에도 뼈가 없는 연골 어류인 상어는 그 자리에 커다란 연골이 있지요. 상어, 현대 어류, 양서류, 파충류, 인간에게 다 있는 이 부위를 비교해 보면 진화가 이루어지는 동안 어떤 일이 일어났는지 정확하게 볼 수 있어요. 현대 동물은 이 연골이 점점 작아지다가 머릿속에 아주 작은 흔적만 남았답니다.

– 9부 –

왜 언젠가 여러분은 고등어처럼 보였을까요?

누구나 다 진화를 믿는 건 아니에요. 신이 지구와 지구상 모든 것을 엿새 만에 다 만들었다고 생각하는 사람들이 여전히 남아 있어요. 그들은 인간처럼 복잡한 생물이 절대 단세포 동물에서 나왔을 리는 없다고 주장하지요. 아무리 수십억 년이 지났다고 해도요. 그에 대한 과학의 대답은 간단해요. "아, 그래요? 그건 불가능하다고요? 그럼 댁은 세포 하나에서 나오지 않았나요? 세포 하나에서 사람이 될 때까지 고작 아홉 달밖에 안 걸리는데요."

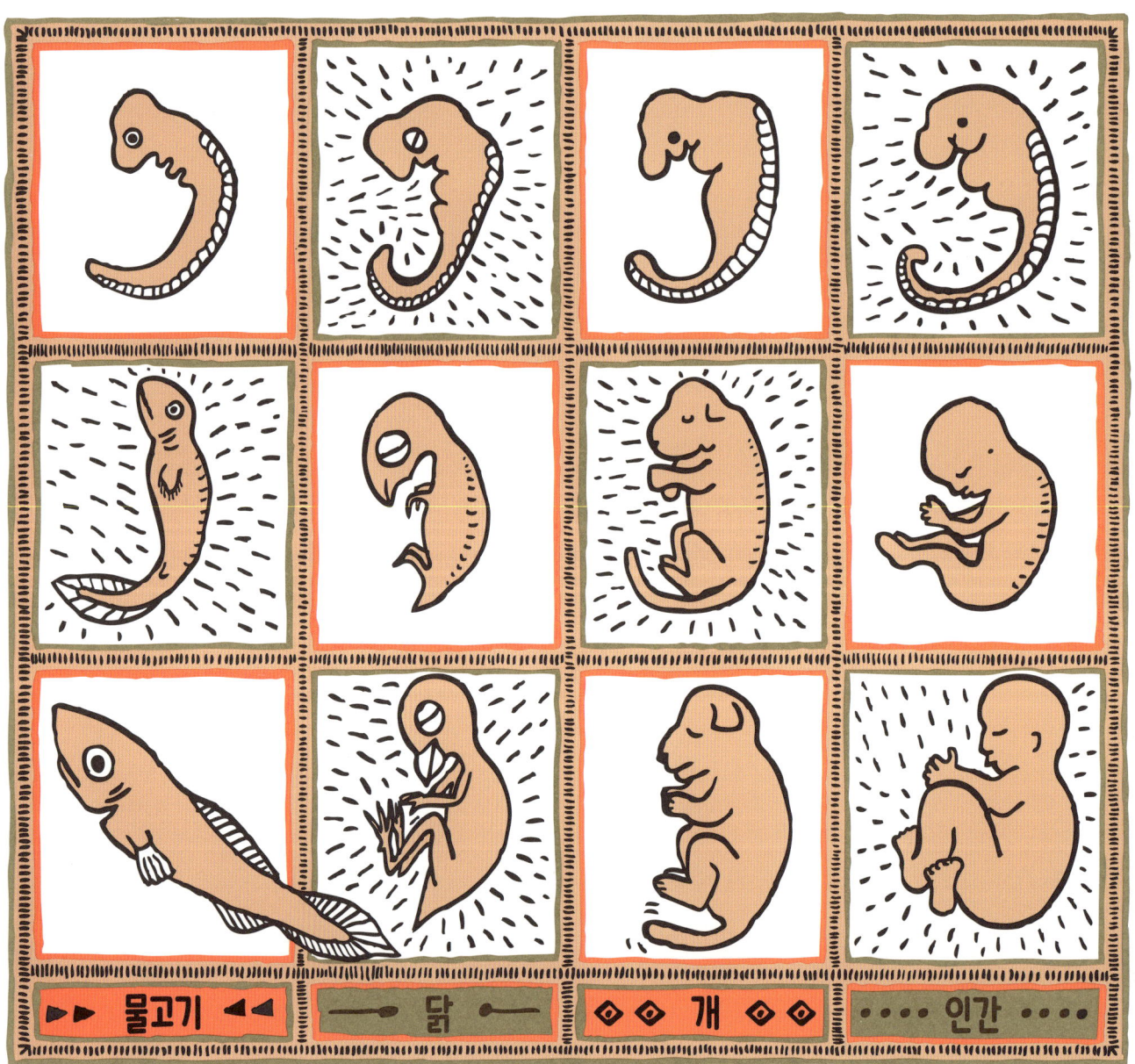

왜 '아기들'은 모두 똑같이 생겼을까요?

이런 과학적인 대답은 옳아요. 우리는 실제로 매우 복잡한 존재랍니다. 우리 몸은 살아 있기 위해 매 분마다 기계처럼 백만 가지 일을 동시에 처리하지요. 비록 우리가 고맙다는 인사도 제대로 안 하지만요. 이토록 탁월하게 구성되었지만 사실 우리는 모두 아주 작은 세포 하나에서 시작했어요. 아! 생각해 보니 '세포 하나'라고 얘기하는 것만으로는 조금 부족하군요. 우리는 DNA 덕분에 세포 하나에서 인간이 될 수 있거든요. 그런데 DNA 분자는 믿을 수 없을 만큼 복잡하게 구성되어 있잖아요. 어찌나 복잡한지 신이 설계했다고 해도 믿을 수 있을 정도죠.

하지만 실제로 깊이 들여다보면 과학이 하는 말이 훨씬 더 일리가 있어요. 여러분이 태어나기 전 엄마 배 속에 있을 때부터 진화의 증거를 보여 주거든요. 시작점으로 되돌아갈수록 여러분은 다른 동물과 더 많이 닮아 있었어요. 처음에 우리가 세포 하나로 이루어져 있을 땐 다른 동물과 차이가 없었어요. 새의 수정란이든, 코끼리의 수정란이든, 물고기의 수정란이든 모두 똑같아 보여요. 그 세포가 둘로 갈라졌다가 넷, 여덟, 열여섯, 서른 둘 그리고 더 많이 나눠진다고 해도 여전히 똑같은 세포더미만 보일 뿐이에요. 2주가 지나서야 비로소 처음으로 다른 세포가 생겨나지요. 어떤 세포는 심장이 되고 어떤 세포는 뇌나 창자, 혹은 근육이 돼요. 3주가 지나면 벌써 심장이 뛰기 시작하지만 여러분은 여전히 조류나 어류, 파충류랑 매우 비슷해 보여요. 심지어 여러분은 곧장 물고기가 되어 가는 것처럼 보인답니다.

귀가 뻥 뚫리는 이유는 뭘까요?

믿거나 말거나 여러분은 한때 고등어처럼 생겼었어요. 태어나기 여덟 달 전쯤에요. 눈도 고등어처럼 머리 옆쪽에 있었어요. 나중에야 비로소 앞으로 옮겨졌죠. 여러분한테는 기다란 꼬리도 있었어요. 거기 지느러미만 붙이면 고등어처럼 헤엄을 칠 수도 있었을 거예요. 또 여러분 머리에 느닷없이 눈에 딱 띄는 '아가미활(물고기 아가미 안에 있는 활 모양 뼈로 아가미를 지탱하고 보호함*)'이 생겨나요. 어류는 이 아가미활이 활짝 열릴 수 있는 구조가 되어 물이 통과하죠. 여러분의 아가미활은 저절로 닫혀요. 그렇지만 때때로 아가미활이 꽉 닫히지 않는 아기들도 있어요. 그 아기들은 수술을 받아야 하죠. 조상이 물고기라서 나타나는 단점 가운데 하나예요.

여러분이 예전에 물고기였다는 사실은 급상승하는 비행기나 엘리베이터에서도 관찰할 수 있어요. 그런 데서 하품을 하면 막혔던 귀가 다시 뻥 뚫리는 듯한 느낌이 들어요. 귓속에 작은 구멍이 있기 때문이에요. 물고기의 경우엔 이걸 아감구멍이라고 부르는데, 물을 통과시킬 때 사용해요. 우리의 경우엔 이 구멍이 유스타키오관이 되었어요. 고도 변화로 머릿속 압력이 변할 때 입을 크게 벌려 하품을 하면 유스타키오관이 잠깐 열리고 압력이 정상으로 되돌아오지요.

애니메이션 트위티 캐릭터는 머리가 왜 그렇게 클까요?

우리는 아주 다른 존재로 변해 가요. 그 과정에서도 진화의 증거를 찾을 수 있어요. 몇 주가 더 지나면 우선 어류, 양서류, 인간의 차이가 눈에 띄어요. 그런 다음 조류와 인간의 차이도 분명하게 드러나죠. 마지막 단계에 이를 때쯤 비로소 인간과 다른 포유류의 차이가 드러나요. 인간과 다른 포유류의 가장 중요한 차이는 인간의 뇌가 무척이나 커서 머리도 더 크다는 거예요. 새들도 몸의 비율상 머리가 큰 편이에요. 하지만 이유는 아주 달라요. 새들은 뇌가 크기 때문에 머리가 큰 게 아니라 머리의 대부분을 차지하는 눈이 크기 때문에 머리가 큰 거랍니다.

- 9부 -

세포는 어떻게 자기가
이, 코, 발가락이 되어야 한다는 사실을 알까요?

우리가 진화할 때만 물고기로 시작한 게 아니에요. 우리는 존재하기 시작한 첫 며칠 동안 어느 정도 '물고기로서' 보내죠. 나중에 세포가 발달하면서부터 비로소 변화가 생겨요. 어떻게 이런 변화가 일어날까요? 세포는 어떻게 자기가 팔다리나 지느러미, 뇌나 심장 근육이 되어야 한다는 사실을 아는 거죠? 그건 바로 DNA를 통해서랍니다. DNA 속에는 존재의 모든 비밀이 다 들어 있거든요. 2m 길이의 DNA 분자에는 얀 그로스가 얀 그로스가 되고 선홍색 꽃이 피는 화초 베고니아가 베고니아가 되기 위한 모든 정보가 다 들어 있어요.

DNA를 무엇이랑 비교하면 가장 좋을까요?

DNA를 어떤 것에 비유하기란 그리 쉽지 않아요. DNA는 얀 그로스나 베고니아의 세포로 이루어진 군대를 지휘하는 사령관 같은 거지요. 앞에서는 DNA를 얀 그로스나 베고니아를 어떻게 만들어야 하는지 정확하게 적혀 있는 조립 장난감을 위한 설명서에 비유했고 또 '먹기 좋아하는 얀 그로스'나 여러 가지 음식을 만들기 위한 요리법에 비유했어요. DNA를 일종의 기계로 볼 수도 있어요. 다양한 원소로 피와 살과 손발 또는 잎과 뿌리와 꽃을 빚어 내는 기계요. DNA는 컴퓨터 프로그램처럼 명령을 내릴 수도 있어요. "세포를 만들어 이를 복사하라. 스무 번 복사한 다음 다른 세포를 만들어라. 이를 계속 반복하라." 사실 DNA는 이 비유들 가운데 하나가 아니라 각각의 특징을 조금씩 지니고 있어요. DNA에는 세포가 지켜야 할 규칙이 들어 있어요. 세포가 수행해야 할 과제도 다 들어 있어요. 또 어떤 생물체의 완벽한 설계도나 생물체를 완성하는 조리법도 들어 있고요. 그리고 DNA는 필요한 세포를 만들고 이를 바꾸고 죽이고 치우는 여러 가지 방법을 알고 있지요.

우리 몸속에 있는 세포는 서로 이야기할 수 있을까요?

DNA의 가장 중요한 구성 요소는 생물체에 관한 정보가 들어 있는 유전자랍니다. 유전자는 여러분 눈동자가 파란색일지 갈색일지, 여러분 몸에 털이 날지 깃털이 날지, 여러분이 짚신벌레처럼 하나의 세포로 이루어질지 인간처럼 수많은 세포로 이루어질지 결정해요. 유전자는 전등을 켜고 끄는 스위치랑 비슷해요. 스위치가 켜지면 "아미노산으로 이 단백질을 합성하라." 또는 "이 단백질을 분해하라." 같은 지침을 수행한답니다. 유전자는 이런 식의 수많은 명령에 따라 어떤 자리에 꼭 필요한 바로 그 세포를 만들 수 있어요. DNA는 어디서 유전자를 켜거나 꺼야 할지 정확하게 알고 있어요. 세포들끼리 단백질 분자의 도움으로 서로 '이야기'할 수 있거든요.

간단히 설명하자면 세포는 단백질 분자를 보내서 정보를 교환해요. 그렇게 세포들은 서로서로 그들이 누구이고 어떤 일을 해야 하며 무엇이 되어야 하는지 알게 되지요. DNA는 주위에 있는 세포에서 나온 정보들 덕분에 어떤 세포가 피부 세포가 되어야 하는지, 두 개의 다른 세포로 나누어져야 하는지 아니면 그냥 그대로 남아 있어야 하는지 결정해요. 이렇게 세포들은 함께 모여서 베고니아나 얀 그로스가 될 수 있지요. 그뿐만 아니에요. DNA는 손가락이 칼에 베였을 때 상처가 낫도록 해 준답니다. 상처를 발견하고 피를 응고시키는 물질을 뿜어 내서 피부 세포가 새로 자라나게 하지요.

특별한 날개가 있는 파리를 어떻게 만들까요?

과학자들은 DNA와 유전자에 들어 있는 모든 정보에 대해 큰 호기심을 느꼈어요. 그들은 유전자가 정확하게 무엇을 하는지, DNA의 나머지 부분은 어떤 일을 하는지 전혀 몰랐어요. 하지만 배아(수정란이 분열되기 시작한 이후의 개체*)를 살피며 연구를 하다 보니 어느새 꽤 많은 것을 알아냈지요. 날개를 만드는 일을 맡은 초파리의 유전자를 배아의 완전히 다른 부분에 붙이면 어떤 일이 일어날까요? 그 자리에 날개가 생겨나요. 도롱뇽이 방금 낳은 알의 세포를 둘로 가르면 아주 건강한 도롱뇽 두 마리가 알을 깨고 나와요.

괜히 동물을 괴롭히려고 배아와 그 유전자로 이런저런 실험을 하는 건 아니에요. 실험을 통해 얻은 지식 덕택에 어느새 이런 세포에서 인간의 체세포가 자라나게 할 수 있답니다. 이렇게 만들어 낸 방광을 달고 있는 사람도 있어요.

- 9부 -

바이러스는 과거에 대해 어떤 비밀을 누설할까요?

DNA가 환자를 위해 인공 방광을 만들어 내려는 의사한테만 도움을 주는 건 아니에요. DNA는 진화에 대한 통찰을 제공하지요. 오래된 화석에서 DNA를 찾을 수 있다는 뜻이 아니에요. 그토록 오랜 시간이 흐른 뒤에는 DNA가 조금도 남아 있지 않으니까요. 기껏해야 몇천 년 정도는 DNA가 남아 있을 수 있지만, 그건 아주 드문 일이죠. 아직 살아 있는 동물의 DNA를 이용하는 거예요. 그 원리는 아주 간단해요. 여러분의 DNA는 여러분 부모님의 DNA랑 가장 비슷해요. 여러분 조부모님의 DNA랑도 비슷하겠지만 부모님 DNA만큼 많이 닮지는 않았을 거예요. 시간을 거슬러 올라갈수록 그 차이는 더 커져요. 달리 말하자면 우리가 어떤 동물이랑 같은 조상이 많을수록 우리 DNA가 그들의 DNA랑 더 비슷하다는 뜻이죠.

침팬지나 보노보의 DNA는 인간의 DNA랑 거의 똑같아요. 약 99%까지 일치한답니다. 진화에서 우리는 아주 가까운 사이인 셈이에요. 고양이 DNA랑은 90%가 공통적이고 우리 DNA랑 초파리의 DNA는 60%가 일치해요. 더 멀리까지 나가 볼까요? 우리 DNA의 많은 부분이 해파리, 나무, 버섯은 물론이고 박테리아와도 일치해요.

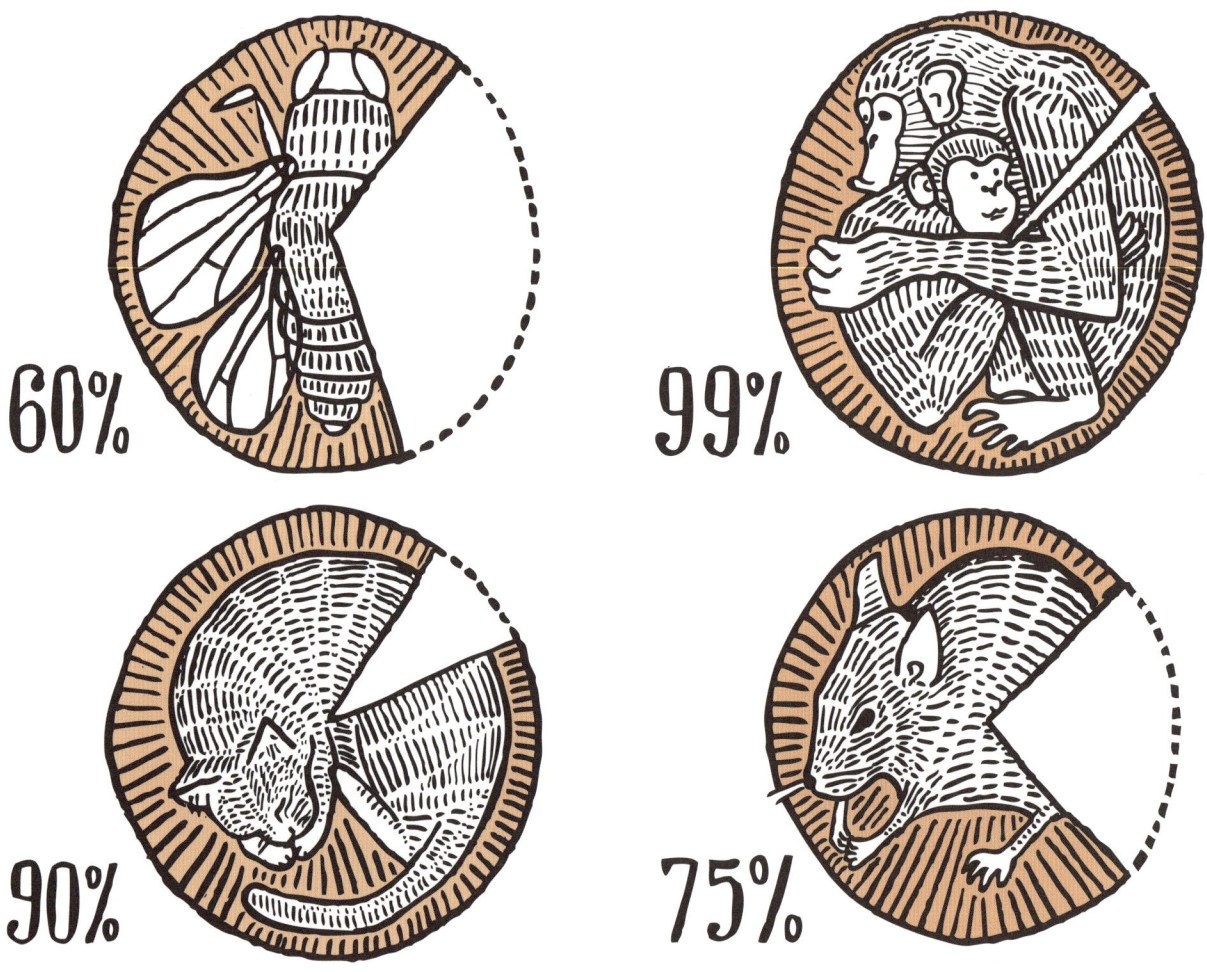

3m 거리에서 마구 재채기를 한다면 어떤 일이 일어날까요?

우리가 어떤 동물이랑 얼마나 가까운지 알아보는 방법이 하나 더 있어요. DNA 비교만큼이나 유용한데 레트로바이러스라는 것을 이용하는 방법이에요. 원리는 다음과 같아요. 다들 분명히 독감에 걸려 본 적이 있을 거예요. 독감은 RNA가 담긴 작고 못된 바이러스에 의해 걸리지요. 여러분이 그 바이러스가 있는 사람이랑 접촉하면 여러분 몸속에 들어와요. 독감에 걸린 사람이 3m쯤 떨어진 곳에서 재채기를 하면 여러분은 이 바이러스를 들이마시게 되고 바이러스가 여러분 DNA 속에 자리를 잡아요. 만일 이 바이러스가 위험하다면 여러분을 몹시 아프게 만들고 심지어 죽게 할 수도 있어요.

레트로바이러스도 바이러스랑 비슷해요. 레트로바이러스가 숙주 세포에 들어가면 그 RNA가 DNA로 바뀌어요. 레트로바이러스의 DNA는 세포의 DNA를 바꾼 다음 다른 세포로 넘어가요. 그럼 생명이 위험해져요. 그래서 레트로바이러스는 살아 있는 모든 것의 가장 큰 적이라고 할 수 있어요. 예를 들어 HIV 혹은 에이즈라고 부르는 후천성 면역 결핍증이 바로 이런 레트로바이러스가 일으키는 불치병이에요. 계속 치료하지 않으면 환자는 죽음에 이르지요. 그래도 이 바이러스는 재채기로 전염되지 않으니 다행이에요.

원숭이한테도 우리랑 똑같은 독감이 있을까요?

레트로바이러스는 수백만 년 동안 아주 많은 희생자를 냈어요. 그래도…… 모든 생물이 레트로바이러스 때문에 죽지는 않아요. 어떤 동물들은 레트로바이러스를 극복할 방법을 찾아내서 그걸 몸속에 지닌 채 그냥 계속 살아가요. 그들의 후손도 마찬가지고요. 그 레트로바이러스는 그 동물에게 더 이상 해를 끼치지는 못하지만 그

들의 DNA를 영원히 변화시킨 셈이에요.

우리는 어떤 동물이 우리 DNA 속에 있는 것과 똑같은 레트로바이러스를 지니고 있는지 살펴볼 수 있어요. 그럼 무엇이 보일까요? 맞아요, 침팬지는 우리한테 있는 레트로바이러스를 아주 많이 지니고 있어요. 그러니까 인간과 침팬지한테는 '독감'에서 살아남은 공통의 조상이 많이 있는 거예요. 고릴라랑은 똑같은 레트로바이러스가 조금 적어요. 유인원(침팬지, 고릴라, 오랑우탄 등 꼬리가 없는 포유류 영장목 사람상과의 동물*)은 아니지만 꽤 가까운 친척이라고 할 수 있는 개코원숭이랑은 더 적고요.

- 9부 -

왜 소는 말보다 고래와 더 닮았을까요?

진화를 하면 할수록 동물들 사이에 동일한 레트로바이러스는 더 적어지고 DNA는 더욱 달라져요. DNA를 비교하면 동물들이 서로 얼마나 가까운지 알 수 있어요. DNA를 비교하다 보면 무척 흥미로운 정보들이 쏟아지지요. 예를 들어 보라고요? 개가 늑대에서 유래했다는 건 모두 알고 있지요. 하지만 시바이누라는 일본 품종의 개는 여우랑 헷갈릴 만큼 닮았어요. 그런데 왜 시바이누가 여우가 아니라 늑대의 후손일까요? 여우의 후손 아닌가요? 하지만 DNA를 분석해 보면 시바이누의 조상은 늑대라는 사실이 드러나요. 시바이누뿐만 아니라 모든 개가 그렇죠.

흥미로운 예가 하나 더 있어요. 소와 말, 소와 고래 어느 쪽이 더 가까운 친척 사이일까요? 소와 말이라고요? 틀렸어요. 소와 고래가 '삼촌, 조카' 사이라면 소와 말은 훨씬 더 먼 사이로 '삼촌의 사촌, 사촌의 조카' 관계랍니다. 고래, 소, 하마와 양에게는 똑같은 조상이 있어요. 그들의 DNA가 그 증거예요. 그들이 어떤 동물의 후손인지 최근에야 찾아냈지요. 바로 인도히우스라는 신생대에 살던 동물인데 고래의 가장 오랜 조상으로 물고기처럼 물에서 살았어요. 고래의 후기 조상은 육지에서 살았고요(그들은 발도 있었어요.). 고래는 나중에 물속으로 되돌아갔어요. 이렇게 진화 얘기를 하다 보면 간혹 황당무계한 이야기도 만나게 된답니다!

나비가 어떻게 새처럼 보일 수 있을까요?

아프리카와 남아메리카에는 똑같이 생긴 개구리가 있어요. 모양뿐 아니라 현란한 색상도 똑같고 심지어 무늬도 똑같아요. 아주 가까운 친척 같지요? 하지만 이들의 조상은 생김새가 완전히 다르답니다. 두 개구리는 진화 말기에 비로소 화려한 색을 뽐내는 눈부신 외모를 얻었어요. 서로 서식하던 지역은 달랐는데 말이죠. 우연의 일치처럼 보이지만 사실 그렇지만은 않아요. 그런 현란한 색상을 갖게끔 진화한 데에는 이유가 있거든요. 나한테 독이 있다고 다른 동물들에게 경고하는 거예요. 독이 있는 개구리와 곤충은 현란한 색상에서 알아볼 수 있지요.

동물들이 진화할수록 차이가 더 크게 나지는 않아요. 때로는 동물의 모습이 어떤 목적에 맞게 발전하거든요. 색상도 그에 걸맞게 변하고요. 그럼 동물들이 서로 비슷해질 수도 있죠. 나비들도 그래요. 어떤 종들은 서로 친족 관계도 아닌데 거의 구분할 수가 없어요. 심지어 꼬리박각시라는 나비는 새처럼 보인답니다. 산호초에 사는 청소부 물고기의 경우도 비슷해요. 청소부 물고기는 상어처럼 커다란 물고기를 깨끗하게 만들어 주는 작은 물고기인데, 큰 물고기의 피부에서 기생충을 떼어 내고 이빨 사이에 남은 고기를 먹어 치워서 구강 위생에도 기여하지요. 청소부 물고기들은 모두 아주 비슷하게 생겼어요. 그들 중에는 물고기는 아니지만 똑같은 일을 하는 스컹크 청소새우도 있어요. 지네와 쥐며느리도 비슷한 점이 많아요. 그렇다고 그들이 친족 관계일까요? 전혀 아니에요!

사마귀가 바이올린을 켤 수 있을까요?

동물들은 살아남기 위해 서로 모습이 비슷해지기도 해요. 다른 동물을 속이기 위해 특정 동물이랑 닮아 가는 거예요. 독이 있는 알록달록한 개구리 주위에는 색깔이 똑같이 강렬한 개구리들이 살아요. 그들은 독이 있는 개구리인 양 위험한 척하지만 사실 아무 해도 끼치지 못해요. 마찬가지로 청소부 물고기 주위에는 헷갈릴 만큼 진짜 청소부 물고기를 닮은 가짜 청소부 물고기들이 살아요. 커다란 물고기들은 이런 물고기들이 다가오면 좋아하며 이제 깨끗해질 거라고 기대에 부풀지만 가짜 청소부 물고기들은 얼른 그 살을 한 입 떼어 먹고는 재빨리 줄행랑을 친답니다.

자기 자신이 아닌 다른 누구인 척 또는 다른 무엇인 척하는 일은 아주 유용해요. 남에게 잡아먹히지 않으려면 더더욱! 혹시 잎사귀처럼 생긴 나방을 본 적이 있나요? 아주 영리한 일이지요. 나방을 잡아먹는 동물은 잎사귀를 별로 좋아하지 않거든요. 그 나방은 적들이 자기를 나방이 아니라 잎사귀라고 생각하는 한 안전해요. 사마귀는 다른 동물이나 물건을 흉내 내는 데 세계 챔피언급이죠. 나뭇잎처럼 생긴 사마귀도 있고 나뭇가지랑 구분할 수 없는 사마귀도 있어요. 나무껍질을 쏙 빼닮은 사마귀도 있고 난초를 멋지게 흉내 내는 사마귀가 있는가 하면 시든 나무, 개미, 뱀이나 풀로 위장하는 사마귀도 있답니다. 심지어 바이올린처럼 생긴 사마귀도 있다니까요. 순전히 우연이긴 하지만요.

- 9부 -

'내 안의 물고기'는 어떻게 되었을까요?

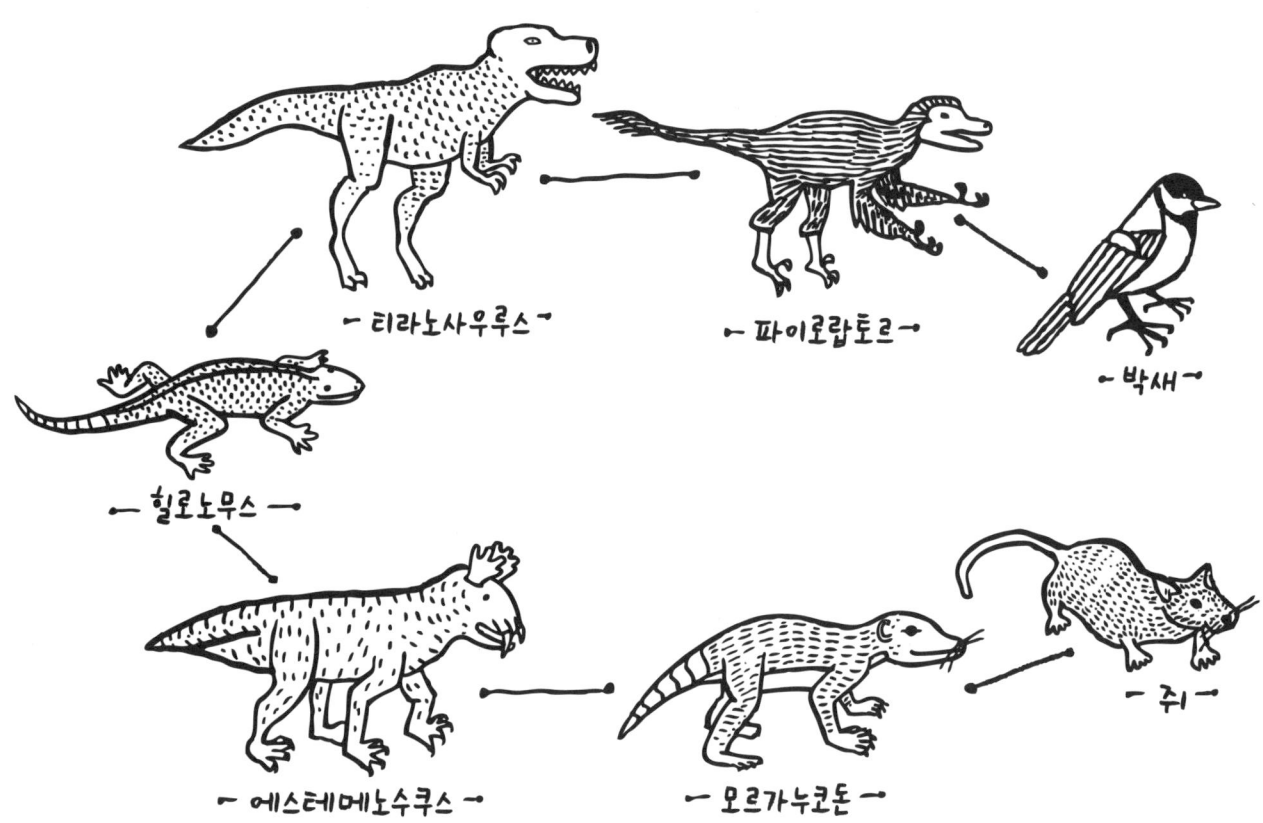

진화는 무척 까다로운 주제예요. 진화에 관한 모든 원칙에는 예외가 있고 이 예외에도 다시금 예외가 있지요. 많은 사람이 진화에 대해 자칫 잘못 생각해서 오해하는 것도 당연해요. 가장 흔한 오해는 우리가 침팬지의 후손이라는 생각이에요. 또 다른 오해는 우리가 원숭이의 후손이라면 왜 아직도 원숭이가 남아 있냐는 거죠. 아, 하나가 더 있네요. 우리가 다른 포유류와 똑같은 동물의 후손이라면 '토끼인간'이나 '곰인간' 화석은 왜 아직 발견되지 않았냐는 거죠.

우리가 침팬지에서 나오지는 않았어요. 하지만 침팬지와 똑같은 조상이 있지요. 이 두 가지 주장은 완전히 다른 거랍니다. 우리와 침팬지가 공통으로 갖고 있는 이 조상은 인간과 그다지 비슷해 보이지 않지만 침팬지와도 별로 닮지 않았어요. 그냥 완전히 다른 동물이에요. 그 후손 가운데 어떤 것들은 침팬지로 진화했고 어떤 것들은 완전히 다른 방향으로 가서 인간이 됐어요. 그러니까 공통적인 조상의 후손들이 여러 갈래로 갈라진 거지요. 다른 포유류의 조상도 마찬가지랍니다. 가계도를 그릴 때 나무 모양으로 자주 그리는 게 그냥 어쩌다 그러는 게 아니에요. 다 일리가 있어요. 우리 인간은 침팬지와 같은 가지에서 나왔어요. 가지 몇 개를 되짚어 가면 우리는 토끼나 곰이랑 같은 지점에 있어요. 하지만 토끼나 곰과 인간 사이에 가지가 곧바로 이어진 건 아니에요. 그러니까 토끼인간이나 곰인간의 화석은 앞으로도 절대 나오지 않을 거예요.

벌새는 티라노사우루스 렉스의 증손녀일까요?

틱타알릭까지 거슬러 올라가 보면 가지가 어떻게 갈라지는지 금세 알 수 있어요. 틱타알릭에서 양서류가 나오죠. 양서류는 수백만 년이 지난 뒤 다시 갈라져요. 한 무리는 양서류로 남아서 오늘날 우리가 아는 도롱뇽과 개구리가 되었지요. 다른 무리는 파충류로 발전했어요. 지금까지 발견된 파충류 가운데 가장 오래된 것은 힐로노무스인데 도마뱀과 비슷해요.

힐로노무스가 나타난 지 그리 오래지 않아 파충류 가지도 다시 갈라져요. 한 무리는 계속 그 방향으로 더 나아가요. 수백만 년이 넘도록 무척이나 성공적이었어요. 그 무렵 커다란 육상 동물은 대부분 파충류였어요. 그때가 바로 공룡의 시대였어요. 모두 파충류였지요! 그때 살던 생물에서 섬뜩한 파이로랍토르, 거대한 디플로도쿠스, 경이로운 티라노사우루스도 나왔지만 우리가 알고 있는 도마뱀이나 도마뱀붙이, 뱀도 나왔어요. 아, '털이 비비 꼬인' 공룡 무리도 나타났어요. 이 털이 차츰 깃털로 바뀌고 그 동물들은 새가 되었답니다. 그러니까 여러분 집 마당에 날아온 작고 귀여운 벌새는 사실 티라노사우루스 렉스의 증손녀인 셈이지요. 뭐, 아주 먼 친척이기는 하지만요.

하지만 포유류는 알을 낳지 않잖아요?

힐로노무스에서 갈라진 다른 가지는 포유류랑 비슷한 파충류 방향으로 나아가요. 일부 파충류가 아주 천천히 포유류와 비슷해졌지요. 그렇게 나온 에스테메노수쿠스는 뿔이 나 있고 파충류와는 달리 비늘이 없었어요. 얼마 지난 뒤에는 트리낙소돈이라는 동물이 밀림을 누비고 다녔어요. 이 동물은 비늘이 없고 포유류의 이빨로 음식을 씹어 먹었어요. 아마 정온 동물(바깥 온도와 상관없이 항상 체온을 따뜻하게 유지하는 동물*)이었을 거라고 해요. 파충류는 변온 동물(바깥 온도에 따라 체온이 변하는 동물*)이라서 움직이려면 태양의 온기가 필요했어요. 포유류는 스스로 자기 몸에서 온기를 만들어 내지요. 이 온기를 지켜 주는 털이 있는 경우도 많고요. 과학자들은 내내 공룡이 변온 동물이라고 생각해 왔어요. 공룡도 결국 파충류니까요. 하지만 얼마 전에 솜털이 있는 공룡을 발견했답니다. 한때 정온 동물인 공룡이 살았을 수 있다는 뜻이죠.

트리낙소돈 이후 진화에서 모르가누코돈이 나와요. 밀림에서 살았는데 콧수염이 나 있고 털이 짧은 게 쥐랑 매우 비슷했지요. 모르가누코돈은 이미 정온 동물이었지만 아직 파충류처럼 알을 낳았어요. 포유류의 어미는 알이 아닌 새끼를 낳지요. 어쨌든 대부분은 그래요. 물론 여기에도 예외가 있어요. 바늘두더지는 알을 낳아 부화시키죠. 오리너구리도 그래요. 오늘날 포유류랑 비슷한 파충류는 모두 멸종했지만 바늘두더지와 오리너구리는 여전히 남아 있어요. 그들은 포유류 비슷한 파충류가 아니라 파충류 비슷한 포유류예요.

- 9부 -

무엇이 공룡을 멸종시켰을까요?

진화에서 어떤 발전은 거의 불가능해 보여요. 살아 있지 않은 것에서 살아 있는 것으로 발전하거나 수생 동물에서 육상 동물로 발전하는 것이 그렇죠. 하지만 진화에는 불가능해 보이는 문제를 해결하는 실마리가 되는 중간 형태가 있는 것 같아요. 알을 낳는 동물과 새끼를 낳는 동물도 전혀 연관이 없는 것 같지만 중간 형태가 있어요. 알에서 자궁으로 옮겨 가는 일은 작은 자루를 통해서 일어나지요. 어떻게 포유류가 알을 부화하는 과정을 뛰어넘을 수 있었는지, 우리는 그 질문에 대한 대답을 캥거루의 조상들한테서 찾을 수 있답니다.

왜 인간은 알에서 부화하지 않을까요?

유대목 동물들은 어미의 육아낭이 알껍데기의 역할을 넘겨받았어요. 유대목은 새끼를 주머니 속에 넣어 기르는 동물로 새끼를 넣는 주머니를 육아낭이라고 불러요. 유대목 동물의 새끼는 아주 일찍, 고작 작은 벌레 크기만 할 때 태어난답니다. 그리고 육아낭에서 계속 자라지요. 새끼들이 완전히 '완성'되면 어미의 배 부분 털 속에 있는 육아낭을 떠나요. 그전에는 육아낭 속에 있는 게 따뜻하고 안전해요. 물론 어미도 알을 품을 필요가 없으니 새나 다른 파충류보다 훨씬 더 편해요. 예를 들어 펭귄 수컷은 1년 중 가장 추울 때 지구의 가장 추운 곳에서 알 위에 서 있어야 하지만, 유대목 동물들은 그럴 필요가 없답니다. 다행이죠!

포유류는 새나 다른 파충류에 비해 여러 가지 이점이 있어요. 포유류는 알을 품을 필요가 없어서 더 안전하답니다. 알이 식을까 봐 걱정하지 않아도 되고 필요하면 도망을 갈 수 있잖아요. 굳이 따뜻한 곳에 있지 않아도 되니 밤에도 먹잇감 사냥을 나설 수 있고 더 추운 지역에서도 살 수 있어요. 뇌를 더 크게 발전시킬 수도 있지요. 뇌가 자라나려면 에너지가 아주 많이 필요해요. 다양한 양분도 필요하고요. 우리가 아는 새 알 가운데 가장 큰 타조 알에도 열량은 고작 2000kcal가 들어 있어요. 새끼가 자라는 데 필요한 열량으론 부족하죠. 하지만 인간의 엄마는 이 정도 열량쯤은 며칠 만에 아기한테 줄 수 있어요. 그래서 아기 머리가 다른 동물이랑 비교해서 아주 큰 거지요. 반면 알에서 방금 빠져나온 타조 새끼의 뇌 크기는 호두 한 알만 해요.

운석은 얼마나 치명적일까요?

그래도 지구에 6600만 년 전처럼 어마어마한 재앙이 여러 차례 닥치지 않았다면 우리처럼 똑똑한 인간은 절대 나타나지 않았을 거예요. 그때는 아직 파충류가 우세했어요. 커다란 포유류를 위한 자리는 없었지요. 밤에 쥐 같은 생물만 무사히 돌아다녔어요. 물속의 어룡과 공중의 익룡은 이미 멸종한 거나 다름없었지만 어마어마하게 크고 무시무시한 공룡들이 여전히 육지를 지배했지요. 그러다 뭔가 끔찍한 일이 일어나서 상황이 돌변했어요. 어떤 일이었는지 정확하게 알 수는 없지만 대충 짐작은 할 수 있어요. 어쨌든 약 6600만 년 전에 어떤 끔찍한 일이 일어난 결과 무게가 5kg이 넘는 육상 동물은 모두 사라져 버렸답니다.

대부분의 과학자들은 지구에 운석이 매우 거세게 부딪친 게 틀림없다고 생각해요. 멕시코에서 그런 흔적을 찾았거든요. 운석이 딱 하나 떨어졌을 뿐인데 그렇게 많은 생물이 다 죽다니, 이상하게 들리죠. 하지만 운석은 부딪치는 것으로 그냥 끝나는 게 아니에요. 그 충돌이 일으키는 충격파와 지진은 주변 수백 km 안에 있는 모든 생물에게 치명적이에요. 멸종을 일으킬 정도죠. 원자 폭탄보다 수억 배 강력할 거라고 추측해요. 이로 인해 지구 전체를 초토화시키는 쓰나미가 몰려왔어요. 충돌로 생긴 열이 산불을 일으키고 지구 공기 전체가 그을음으로 채워졌어요. 지구에 햇빛이 닿지 못하다 보니 지구는 그만 차갑게 식어 버렸어요.

또 다른 설명에서는 공룡이 살던 마지막 몇 년 동안 화산이 여러 차례 심하게 폭발했다고 해요. 예를 들어 인도에서 화산이 여러 번 폭발해서 많은 양의 화산재가 공기 중에 흩어졌다는 거예요. 화산이 여러 번 폭발했다고 해도 그것만으로 공룡이 다 멸종될 만큼은 아니었을 거라는 사람도 있기는 하죠.

쥐에서 인간으로?

지구에 어떤 일이 일어났든 공룡의 시대는 약 6600만 년 전에 끝났어요. 그런 다음 지구는 다시 회복되어 갔지요. 천천히, 그러나 확실하게 생명이 땅 위에 다시 생겨난답니다. 그래도 파충류는 세력을 잃었어요. 아주 작은 동물들만 이 재앙에서 살아남았어요. 그렇게 포유류의 시대가 열렸지요. 처음에는 작은 설치류뿐이었지만 이 동물은 곧 호랑이, 코끼리, 사슴, 커다란 뇌가 있는 원숭이로 발전했어요. 다행이지요. 여러분한테 파충류의 뇌가 있었다면 글을 읽는 법도 배우지 못했을 테니까요.

― 10부 ―

진화는 완전히 증명되었을까요?

- 10부 -

진화! 말이 될까요, 안 될까요?

네덜란드와 독일에 사는 사람들의 약 60%는 진화를 확신해요. 노르웨이와 스웨덴에서는 80%에 이르는 더 많은 사람들이 진화를 믿어요. 하지만 영국 사람들은 반 정도만 진화를 확신해요. 미국에서는 인구 중 과반수가 신이 지구를 엿새 만에 만들었다고 믿지요. 이슬람 세계에서는 그렇게 믿는 사람의 비율이 아마 더 높을 거예요. 진화론이 과연 진실일까요?

많은 사람이 진화를 의심하는 건 이상한 일이 아니에요. 세계의 수많은 학교에서 수업 중에 성경에 나온 창조 이야기를 다루거든요. 지구 위 생명체에 대한 다른 설명을 들은 적이 없다면 그 이야기를 믿을 수밖에 없을 거예요. 하지만 진화에 대한 이론을 아는 사람들은 대부분 진화를 믿어요.

과학자들은 모두 진화론을 확신할까요?

　이제 지구가 기껏해야 만 년쯤 됐다고 믿는 과학자들은 거의 남아 있지 않아요. 지구와 우주가 정말 그렇게 젊다고 생각한다면 수많은 물리학자, 화학자, 생물학자, 천문학자, 심지어 수학자 들을 의심하는 셈이지요. 이 모든 과학자들을 의심하다니요?

　물론 예외는 있어요. 세상이 6일 만에 만들어졌다고 설명하는 이론을 내세우는 과학자들이요. 하지만 같은 과학자 동료들은 그들의 말을 진지하게 생각하지 않아요. 지구가 수십억 년 됐다는 증거가 많이 있거든요.

　신이 지구를 창조했다고 곧이곧대로 믿는 사람들을 창조론자라고 해요. 창조라는 개념은 두 가지 방식으로 이해할 수 있어요. 우선 신이 지구를 창조하긴 했지만 이런 일이 진화랑 비슷하게 수십억 년에 걸쳐 조금씩 일어났다고 믿을 수 있지요. 그런 사람들은 신과 진화를 동시에 믿는 거예요. 이런 사람들이 적지 않은데 많은 과학자들이 이에 속해요. 그렇지만 이 책에서 말하는 창조론자는 진화가 일어난다는 사실을 완전히 부정하는 사람들을 뜻해요. 그들은 성경에 쓰인 일이 모두 실제로 그렇게 일어났다고 믿어요. 하나도 빼지 않고 모두 다.

　성경에는 진화와 화석, 새로운 종의 생성에 대해서 아무것도 적혀 있지 않아요. 그래서 창조론자들은 진화론이 사실이 아니라고 해요. 그들은 성경이 옳다는 걸 보여 줄 수 있는 논거를 아주 많이 가지고 있으면서 곰곰이 생각하게끔 만드는 질문을 던지지요.

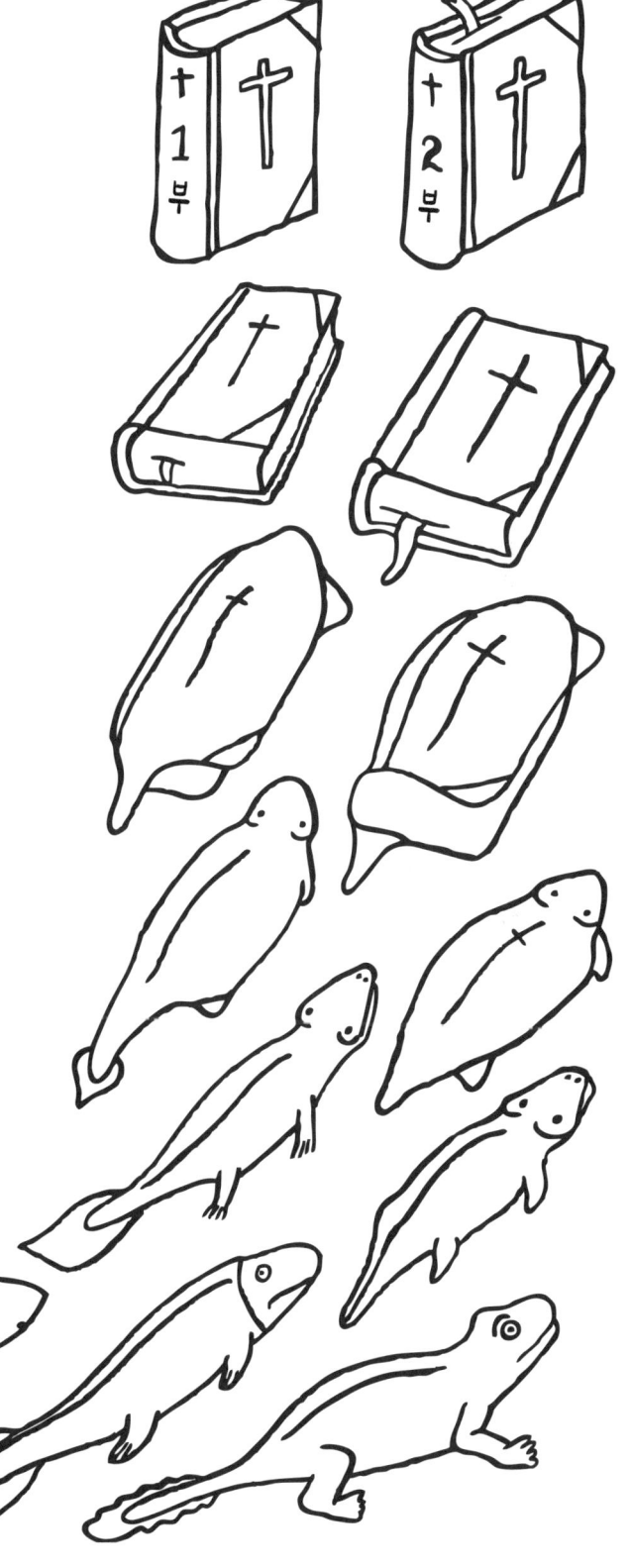

- 10부 -

"진화론은 이론일 뿐 증명되지 않았다."

이론은 과학적인 해명이에요. 어떤 문제가 있으면 사람들은 골똘히 생각해서 해답을 찾으려고 해요. 그 해답을 이론이라고 부르지요. 다윈은 땅 위에 어떻게 생물이 생겨났을까라는 문제를 골똘히 생각했어요. 그리고 여러 논리적인 근거를 들어서 동물들이 어류에서 양서류를 거쳐 파충류에 이르렀을 거라고 해답을 내놨어요. 그게 다윈의 이론이었어요.

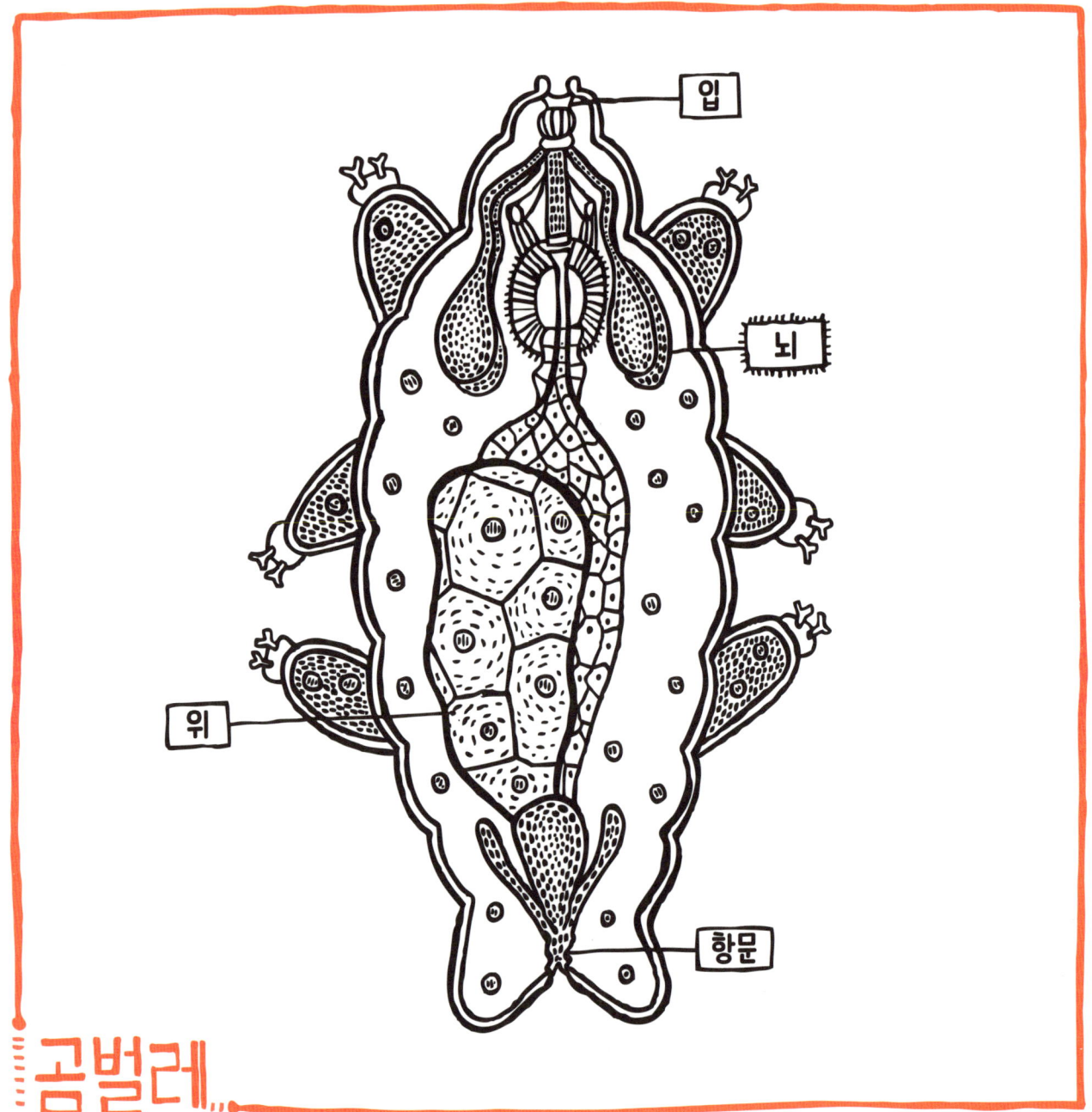

곰벌레

어떤 동물이 지구에서 가장 오랫동안 살아남을까요?

이론은 실험을 통해 입증되는 법이죠. 실제로 사람들은 현실을 연구하고 실험해서 과학적인 해명을 찾아내요. 예를 들어 볼까요. '영하 200°C는 물론 영상 200°C에서도 살아남는 다세포 생물이 있을까?' 이 문제를 해명하기 위해서 꼭 교수님일 필요는 없어요. 여러 가지 동물을 오븐에 넣어 구운 다음 냉동실에 놔두었다가 그게 살아 있는지 살펴보면 되잖아요. 오리나 개구리나 양 그로 스로 실험해 볼 필요는 없어요. 분명히 죽을 테니까요. 하지만 곰벌레는 조금 달라 보이네요.

곰벌레는 약 1.5mm까지 자라는 작은 동물이에요. 그들은 어디에나 있어요. 뜨겁게 절절 끓는 온천에도 있지만 영하 60°C까지 내려가는 히말라야 산봉우리에도 있어요. 실험 동물로 이상적이죠. 곰벌레를 200°C까지 데우고 나서 영하 200°C까지 식힌 다음 아직 살았는지 살펴보도록 해요. 어떤 일이 일어날까요? 곰벌레는 이렇듯 고문을 당한 다음에도 잠에서 깨어나 하품을 한 번 한 다음 마치 아무 일도 없었던 것처럼 일상생활을 계속할 거예요.

네, 하품 이야기는 방금 지어낸 거예요. 하지만 나머지는 정말 다 사실이에요! 지구가 기온 편차가 400°C에 이르는 불모의 행성이 된다고 해도 곰벌레는 십중팔구 계속 살아갈 거예요.

왜 어떤 사람들은 틱타알릭이 증거가 될 수 없다고 주장할까요?

진화론은 사실로 입증됐을까요? 우리는 실제로 종이 진화를 통해 생겨났다는 사실을 보여 주는 화석을 아주 많이 발견했어요. 포유류와 파충류 사이에 있는 트리낙소돈이나 모르가누코돈 화석을 찾았고 양서류와 어류 사이의 틱타알릭 화석을 발견했어요.

하지만 진성 창조주의자들은 이런 화석이 진화의 증거가 될 수 없다고 생각해요. 틱타알릭은 찾았지만 그게 아칸토스테가로 넘어가는 과정의 화석은 아직 못 찾았거든요. 설사 '틱타알로스테가'를 찾는다고 해도 그들은 분명 만족하지 않을 거예요. 보나마나 틱타알로스테가에서 아칸토스테가로 넘어가는 과정의 화석이 없다고 하겠지요. 또 창조주의자들은 그 화석들이 서로 너무 다르다고 생각해요. 크기도 다양하고 손가락뼈의 숫자도 자꾸 달라진다고 하죠. 그들에게는 이 화석들이 서로 아무 관련이 없어 보여요.

늑대인간과 타조인간이 있을까요?

흥미롭게도 발가락 숫자나 몸의 크기가 보통 사람들과 다른 경우가 있어요. 아프리카의 바도마족에는 마치 타조처럼 발가락이 두 개뿐인 사람이 많아요. 그들의 유전자에 있는 작은 변이 때문인데 정작 그 사람들은 나무에 오를 때 이런 모양의 발이 아주 편리해서 실용적이라고 생각해요.

에콰도르에는 또 다른 유전자 변이를 겪는 사람들이 여럿 있어요. 그 사람들의 신체 구조는 다른 사람들과 비슷한데 키는 다른 사람들의 허리까지밖에 닿지 않을 정도로 작아요. 그렇지만 그 사람들도 만족하며 살아요. 그들한테는 많은 사람을 괴롭히는 두 가지 큰 병, 암과 당뇨가 아예 안 생기거든요.

멕시코에는 몸 어디에나 털이 난 사람들이 많아요. 심지어 얼굴에까지 털이 난답니다. 그것 또한 유전자 덕분이에요. 온몸에 털이 나다니, 문득 늑대인간이 떠오르네요. 세상에는 그런 사람들이 많이 있어요. 자연에는 예외가 생기는 법이거든요. 때로는 이런 변화가 아주 유용해요. 이것이 사람들마다 차이가 생겨나는 방식이죠.

여러분은 칭기즈칸에게서 나왔을까요?

만일 칭기즈칸이 바도마족이었다면 우리는 발가락 두 개를 그리 특이하게 여기지 않았을 거예요. 칭기즈칸은 800년 전에 몽골을 지배했던 강력한 군사 지도자인데 곳곳을 돌아다니며 땅을 넓히고 대제국을 건설한 세계 최대 정복자예요. 정복자가 으레 그러듯 가는 곳마다 재물을 취하고 여러 여자들과 관계를 맺어서 수많은 자식을 낳았어요. 그의 아들들도 그대로 따라 했고 그 아들의 아들들도 가만있지는 않았겠지요. 과학자들은 DNA 검사를 통해서 아시아 남자들 가운데 적어도 8%(이는 세상 모든 남자의 0.5%랍니다.)가 이 몽골 통치자의 직계 후손이라는 사실을 증명했어요.

그렇지만 칭기즈칸은 바도마족이 아니었어요. 또 바도마족도 여기저기 자식을 남겨 놓는, 전쟁에 목숨을 거는 사람들이 아니었고요. 이렇듯 우리 생김새는 어느 정도 우연에 달려 있어요. 발가락의 숫자나 키 등등 모든 게 보통에서 벗어날 수 있지요. 이런 일은 다른 종 안에서도 일어나요. 그리고 그 사이를 이어 주는 중간 형태가 아예 없는 경우도 적지 않아요. 우리랑 바도마족 사이에도 발가락이 세 개나 네 개인 종족이 존재하진 않잖아요. 그렇지만 화석이랑 중간 형태만 진화의 증거는 아니에요. 진화를 실제로 증명할 수 있는 방법이 하나 더 있거든요.

어떻게 스스로 진화를 볼 수 있을까요?

그저 잘 살펴보기만 해도 우리는 어디서나 진화의 작용을 볼 수 있어요. 런던의 나방 이야기는 앞에서 했지요. 옛날에 런던이 훨씬 더 더럽고 그을음이 많았을 때 거기 살던 나방은 지금보다 색깔이 한결 더 진했다고요. 자연을 관찰할 때도 진화를 볼 수 있어요. 자연의 생물들은 언제나 변하고 환경이 달라지면 새로운 종이 더해지기도 하고 원래 있던 종이 사라지기도 해요. 어부들이랑 바다에 같이 나가도 진화를 볼 수 있어요. 어부들은 자기가 잡는 대구가 점점 더 작아진다는 이야기를 해 줄 거예요.

대구가 점점 더 작아지는 이유는 이제 작은 대구를 잡으면 안 되기 때문이에요. 최근 규정에 따르면 적어도 몸길이가 35cm가 넘어야 잡을 수 있어요. 그보다 더 작으면 다시 바다에 풀어 줘야 해요. 물고기 입장에서는 작게 남아 있는 게 바람직하겠죠. 대구들에게 이런 건 아주 중요한 일이에요. 그래서 지난 몇 년 동안 대구는 훨씬 더 작아졌지요. 대구들은 더 일찍 성숙해서 더 일찍 번식을 시작하게 됐어요. 이렇듯 진화의 수백 가지 예가 바로 우리 눈앞에 펼쳐진답니다.

고작 36년 안에 변하는 도마뱀이 있을까요?

진화를 직접 실험해 볼 수도 있어요. 벨기에 생물학자 안토니 헤렐이 그렇게 했답니다. 헤렐은 도마뱀 다섯 쌍을 낯선 섬에 풀어놓고 36년이 지난 뒤에 다시 그곳에 돌아가 봤어요. 헤렐은 섬에서 도마뱀들의 DNA를 분석해 원래 다섯 쌍의 후손을 찾은 다음, 다섯 쌍의 도마뱀이 태어난 원 서식지의 다른 도마뱀과 비교했어요. 그 섬에 풀어놓은 도마뱀들은 어느새 많이 변해 있었죠. 그들은 머리가 훨씬 더 커지고 씹는 힘도 더 강해졌어요. 또 원 서식지에 남아 있던 같은 종의 도마뱀들과는 달리 곤충이 아니라 식물을 먹었어요. 이 섬에서는 분명 식물 먹잇감을 찾는 게 더 쉬웠을 거예요. 그동안 원 서식지에 남아 있던 그들의 동족은 거의 변하지 않았지요. 그럴 이유가 없었거든요.

어떤 실험의 결과를 기다리기에 36년은 꽤나 긴 시간이에요. 실험 속도를 높이려면 더 빨리 번식하는 종을 골라야겠지요. 박테리아 같은 것이요! 박테리아는 몇 시간 심지어 몇 분만에도 번식을 할 수 있어요. 그래서 생물학자들이 박테리아로 실험을 많이 하는 거예요. 대장균은 특히 사랑받는 실험 동물이죠. 아주 흔한 박테리아로 여러분 장 속에도 수십억 개나 있고 여러 가지 실험에 아주 잘 맞아요.

어떤 실험이 20년 걸렸을까요?

박테리아로 한 진화 실험을 따라가 볼까요? 먼저 박테리아를 그릇에 집어넣고 포도당이랑 시트르산염을 더해요. 포도당은 일종의 당이고 시트르산염은 레몬이나 밀감 등에 든 일종의 화합물이에요. 박테리아는 포도당을 양분으로 쓸 수 있지만 시트르산염은 먹을 수 없어요. 그렇게 두고 어떤 일이 일어날지 기다리는 거예요. 여러분이 직접 실험을 해 본다면 처음에는 박테리아가 불어나는 게 눈에 보일 거예요. 그러다 어떤 시점을 지나면 더 불어나지 않고 증식을 멈춰요. 당연하죠, 포도당을 다 쓰고 나면 먹을 게 없으니까요. 박테리아 표본은 더 늘어나지 않아요.

연구자들도 물론 그걸 관찰했어요. 그리고 다음 날이면 전날의 그릇에서 박테리아 몇 마리를 골라서 실험을 되풀이했어요. 그다음 날도 똑같이 했고요. 날이 가고 달이 가고 해가 가도록 실험을 계속 하면서 규칙적으로 박테리아의 양을 비교했지요.

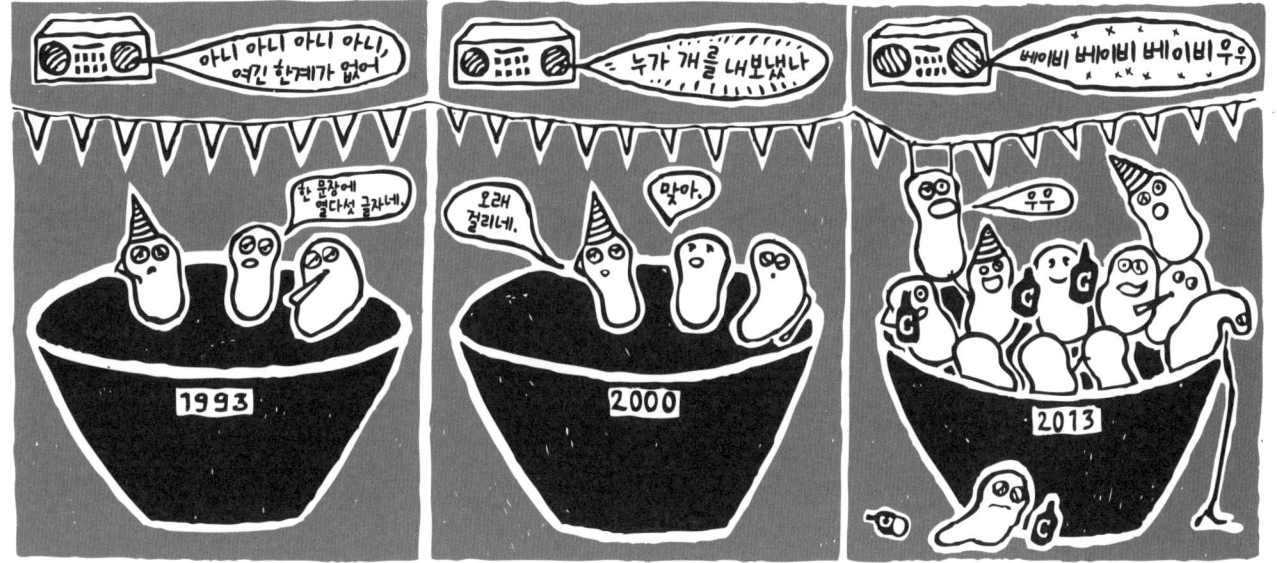

이런 실험을 할 만한 가치가 있었을까요?

지루한 박테리아를 지루한 그릇에 담아서 지루한 양분을 주다니, 무척이나 지루한 실험처럼 들리지요. 그것도 20년 동안이나. 하지만 과학자들은 이런 실험을 통해 지금의 박테리아와 그 부모, 조부모, 증조부모와 고조부모…… 이렇게 이어지는 조상들 사이의 차이를 잘 볼 수 있었어요. (이렇게 죽 이어 간다면 4만 5000대 조상까지 거슬러 갈 수 있을 거예요.) 박테리아는 그러기 위해 20년이 필요해요. 사람으로 치면 백만 년 전에 살았던 조상까지 되돌아가는 셈이에요.

이 실험은 20년을 들여서 해 볼 만한 가치가 있었어요. 그 사이 실제로 뭔가 근본적으로 달라졌거든요. 그릇에 들어 있는 박테리아의 양은 날마다 조금씩 늘어났어요. 포도당에서 양분을 얻고 번식하는 일을 점점 더 잘하게 되었거든요. 그거야 연구자들도 기대하고 있었던 일이었지요. 하지만 3만 3000대가 지났을 때 정말 충격적인 일이 일어났답니다. 여러 해에 걸친 지루한 기다림을 단박에 대수롭지 않게 만들어 버리는 일이었어요. 어떤 순간부터 박테리아가 엄청나게 늘어났어요! 그들이 차지하는 영역이 여섯 배나 커졌지요. 그것도 점차 늘어나는 게 아니라 거의 하룻밤 사이에요.

박테리아는 진화 이론에 대해 무엇을 말할까요?

어떤 일이 일어났을까요? 어떻게 박테리아의 영역이 그토록 짧은 시간에 그렇게 획기적으로 커질 수 있었을까요? 그건 어떤 박테리아들이 느닷없이 시트르산염을 영양 공급원으로 이용할 수 있게 됐기 때문이에요. 갑자기 그릇 속에 먹을 게 훨씬 많이 생긴 셈이었죠. 박테리아들은 순식간에 이런 그릇 속에서 훨씬 더 잘 살아남는, 완전히 다른 종으로 바뀌어 버렸어요. 완전히 다른 음식까지 먹는 종이라니! 마치 여러분이 배고플 때 갑자기 돌을 먹을 수 있게 되는 거나 다름없었죠. 이건 진화가 아니라 혁명이었어요! 이 실험은 진화에 대한 생각에 엄청난 돌파구를 마련해 주었어요. 이런 일은 균일하게 일어날 수도 있지만 아주 갑작스럽게 일어날 수도 있어요.

진화 이론 이야기로 되돌아가 봅시다. 다윈은 다양한 종이 어떻게 생겨날 수 있는지 논리적으로 설명했어요. 그게 이론이에요. 현실은 진화가 바로 우리 눈앞에서 일어난다는 사실을 증명해 줘요. 이게 실제예요. 다윈의 이론은 비록 지금은 모든 측면에서 증명됐지만 여전히 하나의 이론이에요. 이론이 '증명되지 않은 생각'을 가리키는 건 아니죠. 이론은 확실한 사실일 수도 있어요.

- 10부 -

'자연은 어찌나 아름다운지, 신이 생각해 냈을 수밖에 없다!'

'자연은 어찌나 아름다운지, 신이 생각해 냈을 수밖에 없다.' 많은 사람이 이렇게 말하죠. 그냥 5월의 새소리에 귀를 기울여 봐요. 아니면 눈 쌓인 산봉우리 위로 지는 해를 지켜보거나 산호초 색깔을 바라보거나 동물들이 얼마나 멋지게 만들어졌는지 살펴봐도 좋아요! 이렇게 아름다운 것들이 어떻게 진화를 통해 생겨났을 수 있어요? 물론 다른 면도 있지요. 추악하고 음산한 면이요. 예를 들어 커다란 간디스토마 같은……

양은 누구를 위해 느리고 고통스럽게 죽을까요?

개미가 풀 줄기 위에 앉아 있는 모습을 본 적 있죠? 개미는 거기서 뭘 하고 있을까요? 좋은 경치를 즐기는 걸까요? 아무리 생각해도 개미가 거기서 볼일은 없어요. 거긴 먹이도 없고 목숨까지 위태로운걸요. 당장이라도 양한테 잡아먹힐 수 있으니까요. 하지만 의도가 바로 그거예요. 개미가 아니라 자그맣고 불쌍한 벌레, 간디스토마의 의도요. 이 벌레는 어찌나 작은지 개미의 뇌 속에 눌러앉을 수 있어요. 간디스토마는 이렇게 개미의 결정권을 넘겨받아요. 애처로운 개미의 뇌 속으로 들어가서 개미의 행동을 조작해 갑자기 풀 줄기를 꽉 깨물도록 만들어요. 이게 바로 간디스토마가 바라는 거죠.

간디스토마한테는 삶의 목표가 하나 있어요. 어떤 수를 쓰든 양의 장 속으로 들어가는 거요. 그리고 거기서 번식을 하는 거죠. 양의 장 속으로 들어가기 위해서 간디스토마는 개미를 일종의 좀비로 바꾸어 버려요. 양이 이 좀비 개미를 잡아먹으면 간디스토마는 위를 통해 간에 다다른 다음 피로 갈아타고 여행을 계속해요. 몇 주가 지나면 소화 기관에 도착해서 알을 낳아요. 알에서 부화한 애벌레는 그들이 가장 좋아하는 음식인 똥을 배부르게 먹을 수 있어요. 간디스토마의 긴 여행이 성공했어요!

간디스토마한테는 아주 좋은 일이지만 개미한테는 매우 안 좋은 일이에요. 개미는 그냥 죽어 버리잖아요. 양한테도 좋은 일이 아니에요. 몸속에 들어온 간디스토마 때문에 병에 걸릴 수도 있고 심지어 고통스럽고 불쌍하게 죽을 수도 있어요. 양뿐만 아니라 말이나 소나 다른 초식동물들도 간디스토마로 죽곤 하지요.

자연 만세라고요?

간디스토마뿐만 아니에요. 다른 것들, 예를 들어 새들을 괴롭히는 벌레도 있어요.

그러니까 별 의미 없고 볼품 없고 비열한 벌레가 후손을 남기기 위해서 온갖 멋진 동물들이 죽어야 하는 거예요. 자연 만세라고요? 퍽이나 좋겠네요! 자연이라는 것은 양, 아기 곰, 어린 물개가 죽는다는 뜻이에요. 질병과 기아가 있다는 뜻이고요. 아니면 (이것도 나쁜 일인데) 여러분이 밤에 모기 때문에 잠을 설친다는 뜻이기도 해요.

살육과 약탈과 잔인함이 늘 일어나는 데가 바로 자연이에요. 동물이 영원히 살 수 없는 건 이해할 만해요. 결국 다 죽어야 하니까요. 하지만 왜 이토록 가엾고 비참한 방식으로 죽어야 할까요? 자연은 절대 그리 아름답지 않아요. 우리도 우리가 생각하는 것만큼 근사하지 않아요. 여러분은 때때로 딸꾹질을 하나요? 여러분만 그런 게 아니라 많은 포유류가 딸꾹질에 시달려요. 미국인 찰스 오즈번은 죽을 때까지 68년 동안 딸꾹질을 했어요. 심지어 교황 비오 12세는 죽기 전까지 딸꾹질 때문에 고생을 했어요. 이 기이한 고통에 어떤 쓸모가 있을까요? 딸꾹질은 정말 아무 쓸모도 없어요. 하지만 우리는 딸꾹질이 왜 생기는지 아주 잘 알지요. 우리 조상이 물고기였기 때문이에요.

왜 상어는 딸꾹질을 안 하는데 우리는 할까요?

뭔가 하기 위해 굳이 생각할 필요가 없을 때가 있어요. 예를 들어 숨 쉬는 건 저절로 되잖아요. 다행스러운 일이죠. 여러분이 시험을 치는 동안 죽지 않으려면 '숨을 들이쉬고, 숨을 내쉬고' 하고 계속 생각해야 한다고 상상해 봐요. 물고기도 숨 쉬는 건 저절로 한답니다. 뇌에는 숨 쉬는 걸 맡는 부위가 따로 있어서 다른 부위가 그밖의 더 중요한 일을 처리하죠. 폐나 양서류도 숨을 쉬려고 굳이 힘을 들일 필요가 없어요. 하지만 숨을 들이마시는 건 조금 더 위험해요. 폐 속에 산소만 집어넣어야지 물을 넣으면 안 되니까요. 그래서 폐나 양서류한테는 물이 폐에 막 들어오려고 할 때 당장 기도를 닫아 버리는 신경이 있어요. 우리는 이제 물속에 그리 자주 들어가지 않지만 양서류한테서 이 신경을 물려받았지요.

우리가 양서류한테서 물려받은 이 신경은 뇌에서 가로막까지 뻗어 있어요. 우리는 배의 일부인 가로막(횡격막)을 들었다 내렸다 하면서 숨을 쉬는데 이 신경은 자극을 받으면 공기가 이동하는 통로인 기관을 잠깐 닫아 버려요. 양서류가 폐 속에 물이 들어오지 못하도록 하는 것과 똑같은 반응이에요. 그러면 딸꾹질이 나와요. 대개 처음 딸꾹질을 한 다음 몇 번 더 딸꾹거려요. 다섯 번 안에 멈출 수 있다면 다행이지만 그러지 못하면 우리 몸속의 어떤 장치가 작동해서 딸꾹질을 계속하게 만들어요. 호흡과 횡경막 움직임의 불균형 때문이지요. 그래서 딸꾹질이 그토록 오래 이어지는 거예요. 문제는 이 '액체 차단 신경'이 정기적으로 자극을 받는다는 거예요. 이 신경이 너무 길기 때문이에요. 우리를 만든 이가 똑똑했다면 이 신경을 아주 짧게 만들어서 가로막에서 기관까지만 이어지게 했을 거예요. 그럼 그리 성가시지 않았을 테지요. 물고기들은 이 신경이 뇌에서 아가미까지 이어져 있어요. 아주 짧은 거지요. 그래서 상어는 절대 딸꾹질을 하지 않아요.

왜 우리가 물고기의 신경을 물려받았을까요?

우리의 액체 차단 신경은 조상 중에 물고기가 있었다는 완벽한 증거예요. 물고기한테는 이 신경이 뇌에서 아가미까지 가장 짧은 길로 뻗어 있어요. 합리적이지요. 하지만 우리 조상들은 물고기에서 지금의 신체 구조로 아주 천천히 변해 왔어요. 그래서 이 신경이 점점 더 길고 복잡해졌지요. 우리한테 있는 액체 차단 신경은 뇌에서 목 속의 후두까지 이어지는데 그 길이가 거의 10cm에 이른답니다. 그 신경은 우리 흉곽(등뼈, 갈비뼈, 가슴뼈, 가로막으로 이루어지는 원통 모양 부분*)에 곧게 뻗었다가 이상한 곡선을 한두 번 그린 다음에야 비로소 기관으로 들어가요. 그렇다고 우리가 가장 특이하게 만들어졌다고 생각하진 마세요. 기린의 목은 훨씬 더 길잖아요. 기린은 그 신경이 목 전체를 타고 내려갔다가 다시 올라오면서 거의 5m 넘게 이어진답니다. 사실 몇 cm 길이면 충분했을 텐데.

비행기를 만드는 사람은 프로펠러를 제트 엔진으로 바꾸겠다고 하룻밤 만에 결정할 수 있어요. 그렇지만 진화는 그렇게 단순하게 작동하지 않아요. 프로펠러와 제트 엔진 사이 중간 형태의 비행기들도 다 잘 날게 하려면 결국 아주 이상한 제트 엔진이 나올 거예요. 진화에서는 모든 중간 형태들이 살아갈 수 있어야 하거든요. 이렇게 말하자니 조금 안타깝지만, 여러분과 나, 우리는 적어도 이 이상한 제트 엔진만큼이나 기이하게 만들어졌을 거예요.

왜 소름이 돋을까요?

자연에는 이런 식으로 기이한 것들이 많아요. 동굴에서 평생 살아가는 동굴도롱뇽붙이한테는 눈이 있어요. 어두컴컴한 동굴에서 햇빛을 볼 일이 전혀 없는데도. 왜 눈이 있는 걸까요? 눈이 있어도 문제만 생길 뿐인데요. 눈은 에너지를 많이 소모하고 병에 걸리기도 쉽거든요. 동굴도롱뇽붙이한테 눈이 있는 건 그들이 밝은 곳에서 살아가던 도마뱀의 후손이기 때문이에요.

추울 때 우리 몸에는 소름이 돋아요. 전혀 쓸모가 없지요. 그런데 왜 소름이 돋을까요? 우리가 털이 있는 동물의 후손이기 때문이에요. 그들은 털을 곤추세우면 몸이 따뜻해지거든요.

어딘가에 꼬리뼈를 부딪힌 사람은 왜 이런 쓸모없는 것이 있는지 궁금해졌을 거예요. 그건 바로 우리 조상한테 꼬리가 있었기 때문이에요. 꼬리뼈는 유산인 셈이죠.

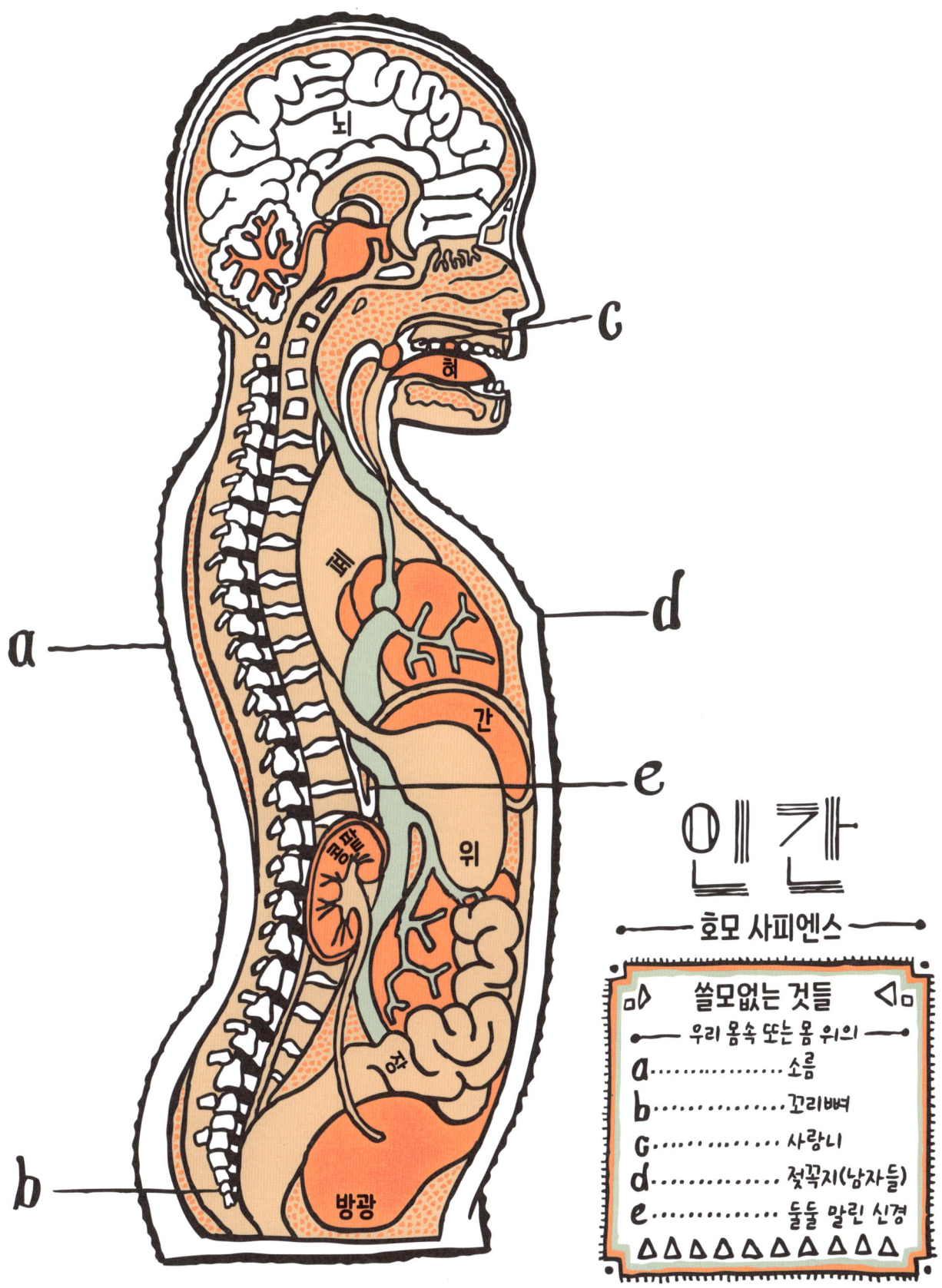

– 10부 –

그럼 폭탄먼지벌레나 눈은 어떻게 된 걸까요?

여러분! 이제 내가 진화를 굳게 믿는다는 사실을 눈치챘나요? 나는 진화를 의심하지 않아요. 하지만 처음 폭탄먼지벌레에 대해 들었을 때 한순간 내가 뭘 잘못 이해했나 스스로 물어봤어요. 방귀벌레라고도 불리는 딱정벌레, 창조론자들은 다윈이 틀렸다는 것을 증명하기 위해 이 벌레를 자주 들먹여요. 다윈도 이 벌레와 맞붙은 적이 있죠.

자체 방공 시스템을 갖춘 딱정벌레가 있을까요?

다윈은 별별 것을 다 모았는데 특히 딱정벌레 수집품을 자랑스러워했어요. 어디에 가든 새로운 딱정벌레를 찾아서 가져왔지요. 한번은 일기장에 자기가 모르는 딱정벌레를 봤다고 적었어요. 수집품을 풍부하게 만들 기회였지요. 다윈은 그 딱정벌레를 손으로 집어 들고는 만족스레 가던 길을 갔어요. 그런데 얼마 안 가 새로운 딱정벌레가 한 마리 눈에 띄었어요. 그 딱정벌레 또한 특이했어요. 그건 다른 손으로 집어 들었지요. 조금 더 가다가 세 번째 딱정벌레를 발견했어요. 딱정벌레 두 마리를 이미 양손에 들었으니 바지 주머니에 넣어야 했지만 그러면 딱정벌레가 살아남지 못할 수도 있잖아요. 그래서 그 딱정벌레를 다른 곳에 넣었어요. 바로 자기 입속에요.

딱정벌레를 입속에 집어넣자마자 뭔가 폭발하는 듯한 느낌이 들었어요. 입속이 몹시 화끈거리더니 끔찍하게 메스꺼운 맛이 돌았어요. 다윈은 얼른 딱정벌레를 뱉어 냈어요. 이게 폭탄먼지벌레였다는 사실은 나중에야 밝혀졌어요. 폭탄먼지벌레의 등에는 두 가지 액체가 들어 있어요. 이 액체들은 특별한 일이 생기지 않는 한 딱딱 나누어져 있어요. 하지만 위험이 닥치면 적을 향해 꼬리를 돌리고 이 두 물질을 섞어 내뿜는데 그럼 강력한 폭발이 일어나는 듯해요! 100℃가 넘는 이 폭발물을 적의 눈에 흩뿌리면 적은 한순간 눈이 멀고 말지요. 폭탄먼지벌레는 그 틈을 타서 도망쳐요.

폭탄먼지벌레의 비밀은 무엇일까요?

여러분이나 나, 우리는 이상한 제트 엔진과 비슷한 처지일 수도 있어요. 그렇지만 폭탄먼지벌레는 정말이지 완벽함의 극치랍니다. 폭탄먼지벌레가 아주 조금 다르게 만들어졌다고 상상해 볼까요. 예를 들어 등에 있는 두 물질 가운데 어느 하나의 비율이 약간만 다르다고 쳐 봐요. 그럼 폭발하지 않을 거예요. 아니면 너무 거세게 폭발해서 딱정벌레 자신이 산산조각 나거나요. 두 물질이 너무 일찍 섞이거나 너무 늦게 섞인다고 상상해 봐도 마찬가지요. 폭탄먼지벌레는 정말이지 모든 것이 딱딱 맞게 설정되어 있답니다. 마치 적의 머리 위에 놓인 작은 사과를 쏘아 맞추고자 하는 대포처럼요. 이 벌레를 눈꼽만큼이라도 바꾼다면 제대로 작동하지 못할 수도 있어요. 그런데 진화는 어떤 동물이 좀 달랐다는 것을 뜻하잖아요! 그럼 폭탄먼지벌레는 도대체 어디에서 나왔을까요? 창조론자들이 1점 얻었습니다.

폭탄먼지벌레가 어디에서 나왔을까? 수수께끼 책에 집어넣기에도 좋은 질문이에요. 이 질문에 대답하려면 몇 가지 정보가 필요해요. 우선 딱정벌레 종류가 믿을 수 없을 만큼 많다는 사실을 알아야 해요. 얼마나 많은지 정확하게 알지는 못하지만 적어도 30만 종이 있다고 해요. 어쩌면 50만 종일지도 몰라요. 그런데 딱정벌레 등에 있는 두 가지 물질은 유별난 게 아니에요. 그런 물질은 딱정벌레한테 보호색을 제공하는 색소 속에 들어 있지요. 그리고 어떤 식으로든 자기방어에 이용된답니다. 이 물질에서는 끔찍한 맛이 나기에 구역질 나는 딱정벌레를 먹으려고 드는 동물은 거의 없죠.

왜 폭탄먼지벌레가 진화의 증거일까요?

폭탄먼지벌레를 녹화한 필름을 천천히 돌려 보면 그 몸속에서 폭발이 일어나지 않아요. 폭탄먼지벌레는 그 물질을 작은 폭격의 연속으로 뿌린답니다. 그 물질들은 몸 밖으로 나온 다음에야 서로 접촉해서 타기 시작해요. 가장 중요한 건 폭격을 훨씬 더 못하는 딱정벌레들이 있다는 사실이에요. 그들은 폭탄을 잘 조준해서 쾅 터뜨리기보다는 거품이 이는 젤리 같은 것을 몸에서 뿜어 낸답니다. 그래도 그것만으로 충분해요. 벌레를 잡아먹는 거미나 새들은 얼굴을 찌푸리면서 모퉁이를 돌아 사라져 버리지요. 그런 폭격도 나쁘진 않지만 살아남는 데 꼭 필요하지는 않아요. 다른 딱정벌레 수십만 종이 그런 폭격은 못하지만 그래도 멸종하지 않았어요. 놀라운 폭탄먼지벌레로 진화하기까지 중간 형태들이 아주 많았을 수 있지요. 이제 과학자들이 1점을 얻어서 1대 1.

이 모든 것에서 가장 재미난 사실이 뭔지 알아요? 과학자들의 말에 따르면 바로 폭탄먼지벌레가 창조론자들의 이야기가 틀렸다는 증거 가운데 하나라는 거예요. 성경 이야기에서 지구는 태초에 낙원이었어요. 다른 동물을 먹는 맹수도 없고 모두 행복했지요. 어느 날 최초의 인간인 아담과 이브가 선악과를 따서 먹었어요. 신이 먹지 말라고 금지했는데도. 그 결과는 비참했어요. 신은 화가 나서 땅에 사는 모든 것들에게 벌을 내렸고 낙원은 사라졌지요. 모든 인간과 동물이 고통과 죽음을 알게 되었고 다른 동물을 먹는 동물도 생겨났어요.

이게 창조론자들이 믿는 이야기랍니다.

왜 낙원에서 무기가 필요할까요?

그런데…… 그렇다면 신은 왜 폭탄먼지벌레한테 이런 무기를 주었을까요? 낙원에는 맹수가 없는데. 딱정벌레는 이런 대공 방위 화포로 무엇을 해야 했을까요? 잡아먹히지 않는다면 이런 게 무슨 필요가 있겠어요? 그렇다면 성경의 이야기가 맞지 않는 거지요. 이제 2대 1, 과학이 이기고 있어요.

- 10부 -

여러분 눈에 무엇이 빠져 있을까요?

우리 인간이 볼 수 있다는 사실에 대해 곰곰이 생각해 본 적이 있나요? 몇 km 밖에서 어떤 일이 일어나는 모습을 머릿속에 놀라운 속도로 받아들인다는 사실을요? 그것도 천연색으로요. 눈이라는 탁월한 도구 덕분이지요. 게다가 앞쪽을 향한 눈이 둘이나 있어서 그 일이 일어나는 거리까지 추측할 수 있어요.

O   +

왜 우리 눈이 이토록 잘 작동할까요?

우리 눈은 기술의 기적이랍니다. 그 기적은 망막으로 이루어졌어요. 망막은 빛에 대한 정보를 신경 세포를 통해 뇌에 전달하는, 빛에 민감한 막이에요. 눈은 안전하게 머릿속에 묻혀 있어요. 빛은 홍채로 둘러싸인 동공을 통해 들어가요. 사실 동공은 그냥 구멍이에요. (물론 그게 다가 아니에요.) 수정체도 있어요. 수정체와 눈 근육의 도움으로 우리는 먼 곳도 잘 보고 가까이 있는 것도 잘 볼 수 있어요. 홍채와 수정체, 망막과 근육의 완벽한 협업 덕분에 굳이 애를 쓰지 않아도 선명하게 볼 수 있어요. 우리 눈이 저절로 초점을 맞추지요. 눈가의 눈물관은 이 모든 게 언제나 깨끗하게 유지되도록 해 줘요. 눈꺼풀은 자동차 앞 유리 와이퍼 역할을 맡고요. 정말 완벽하게 작동하지요?

눈이 어디에서 왔을까요?

어떻게 아무것도 없다가(처음 나온 동물들은 완전히 장님이었어요.) 이토록 환상적으로 작동하는 눈이 나왔을까요? 뭐, 간단해요. 옛날 동물에서 새로운 동물로 변화하면서 눈이 어떻게 진화해 왔는지, 지금 살고 있는 동물에서 볼 수 있거든요. 어떤 해파리한테는 빛에 민감한 세포 몇 개만 있어요. 빛을 감지할 뿐이지요. 한 종이 수억 년을 살아남기 위해서는 그것만으로도 충분해요. 해파리처럼 지구 초기 동물인 편형동물은 눈이 하나 있지만, 이 눈은 사실 평평한 망막으로만 이루어져 있어요. 수정체도, 홍채도 없고 근육으로 초점을 선명하게 맞출 수도 없지요. 편형동물은 빛이랑 움직임은 보지만 형태는 아직 보지 못해요. 적이 다가오는지 알기 위해서는 그것만 있어도 충분해요. 편형동물은 더 알고 싶어 하지 않아요. 어차피 신문은 읽지 않을 텐데요.

앵무조개처럼 망막과 홍채가 있는 동물도 있어요. 앵무조개는 오징어 같은 일종의 연체동물로 우리처럼 눈이 볼록 튀어나왔어요. 수정체만 없을 뿐 형태와 빛과 움직임을 다 볼 수 있지요. 뭔가 선명하게 보려면 안경을 써야 할 거예요. 그래야 우리한테 있는 것과 같은 눈이 되죠. 망막과 홍채와 수정체가 다 있는 눈이요. 사실 이렇게 간단하다니까요. 어찌나 간단한지 눈은 다양한 방식으로 여러 차례 나타났지요. 곤충들의 눈은 완전히 달라요. 곤충들은 수정체가 달린 아주 작은 눈 수백 개로 동시에 본답니다. 그것도 아주 잘 작동해요. 이렇듯 탁월하게 작동하는 여러 가지 다양한 형태의 눈이 있어요.

눈을 어떻게 설계하겠어요?

아! 아직 눈에 대해 할 말이 많아요. 여러분이 디지털 카메라를 설계한다고 해 봐요. 수정체와 홍채가 있고 그 뒷면에 망막이 있는 카메라를요. 그걸 전선으로 컴퓨터와 프린터랑 연결도 해야 하지요. 여러분은 이 전선을 어디로 잇겠어요? 망막이랑 홍채 사이에 넣어서 길을 가로막도록 하겠어요? 아니면 바깥으로 꺼내서 완벽한 그림을 얻도록 하겠어요? 아마도 완벽한 그림을 선택하겠지요. 누구나 그렇게 할 거예요. 하지만 우리 눈은 그렇지 않아요. 우리가 얻는 상(빛에 의해 만들어진 물체의 모습*)은 우리 눈 속 작은 혈관과 신경들로 뒤엉키게 된답니다. 세상 어떤 설계자도 이런 복잡한 카메라를 만들지 않을 거예요. 만약 누가 그런 멍청한 해결책을 갖고 온다면 당장 해고될지 몰라요.

우리한테는 눈먼 지점도 있어요. 신경이 망막에서 뇌를 향해 뻗어 가는 곳인데 아주 실용적이지 못한 자리에 있어요. 실험을 해 보죠. 왼쪽 페이지에 있는 그림으로 할 거예요. 왼쪽 눈을 감고 종이에 머리를 바짝 대고 동그라미(O)를 보세요. 그리고 천천히 머리를 뒤로 움직이세요. 아마 더하기(+) 표시가 보이지 않는 순간이 있을 거예요.

그게 바로 눈먼 지점 때문이에요. 양쪽 눈의 이 지점이 대개 똑같은 자리에 있지 않기 때문에 별 문제는 없어요.

어쩌면 잘 안 보여도 괜찮을까요?

알고 보면 우리 눈은 꽤 어긋나게 만들어졌죠. 그래도 우리는 사물을 아주 잘 봐요. 그렇죠? 그렇지만 눈이 더 똑똑하게 만들어졌다면 훨씬 더 잘 볼 수 있었을 거예요. 우리 눈은 뭐라고 할까, 마치 망사를 통해서 보는 것 같은 상태예요. 이 망사를 걷어 내 봐야 얼마나 더 잘 볼 수 있을지 알게 되겠지요. 우리는 진화론 덕분에 눈이 어떻게 생겨났는지, 왜 이렇게 특이하게 만들어졌는지 정확하게 설명할 수 있어요. 신이 일부러 눈을 이렇게 만들었다면 아마 우리가 너무 많은 것을 보지 않기를 바랐던 거겠죠.

눈과 폭탄먼지벌레는 언뜻 보기엔 신이 고안한 것 같지만 사실 진화를 증명하는 예랍니다. 아직도 진화가 의심스럽다면 이 책의 남은 부분은 읽지 않아도 좋아요. 그 부분에는 진화의 증거가 더 많이 적혀 있지만요. 그리고 지금껏 대답하지 않은 질문도 다루고 있지만요. 우리 인간은 어디서 왔을까요? 우리는 어떻게 쥐랑 비슷한 초기 포유류에서 컴퓨터를 만들 수 있는 지적인 생명체가 되었을까요? 잠수함과 비행기로 행성은 물론 그 이상을 정복해 나가는 특별한 동물이 되었을까요? 망원경과 우주선으로 우주를 탐사하는 호기심 많은 존재가 되었을까요? 그리고…… 얀 그로스가 되었을까요?

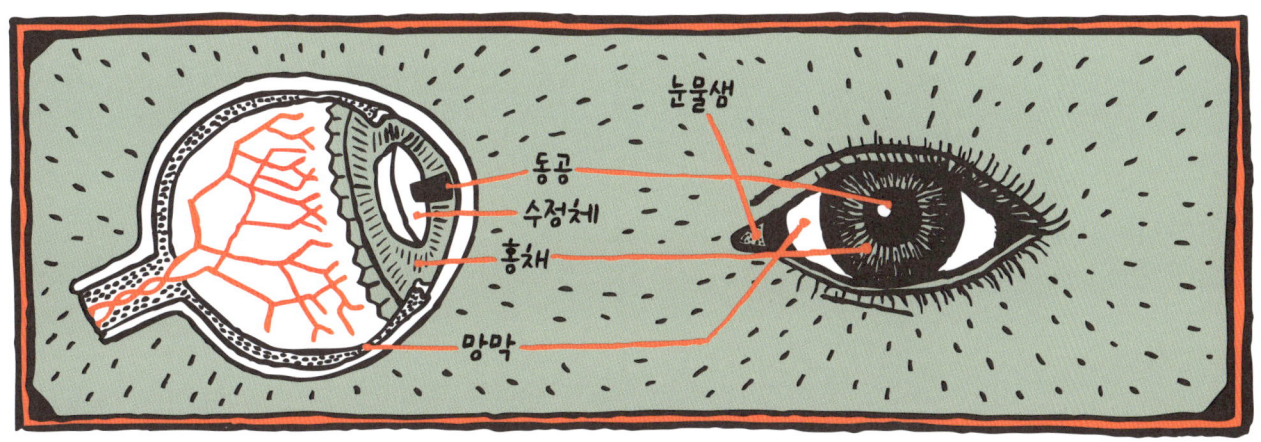

— 11부 —

쥐에서 인간으로

- 11부 -

우리 선조는 어떻게 생겼을까요?

생각의 실험을 하나 해 볼까요? 얀 그로스가 사람을 태울 수 있는 로켓을 발명했다고 해 봐요. 그는 공장을 세워 얀그로1 로켓을 만들었어요. 성공적이었죠. 아들인 얀 그로스 주니어가 아버지한테 회사를 물려받고는 로켓을 개량해 얀그로2를 만들었어요. 얀 주니어의 동생인 베르트 그로스는 새 로켓 공장을 설립했어요. 그러고는 우주에서 물건을 나를 수 있는 운송용 로켓을 만들어 베르그로1이라는 이름으로 팔았어요. 얀 주니어와 베르트의 여동생인 마이케는 경주용 로켓을 만들고 이를 마이그로1이라고 했죠.

얀 주니어, 베르트, 마이케의 자녀들도 자신들의 로켓 공장을 설립했어요. 어떤 애들은 부모가 만든 로켓을 개량했고 어떤 애들은 뭔가 다른 로켓들을 만들었어요. 예를 들어 베르트의 딸은 엄청 커다란 운송용 로켓을 만들고 동생은 엄청 빠른 운송용 로켓을 만들었어요. 마이케의 아들은 호화로운 경주용 로켓을 만들고 동생은 장거리 경주용 로켓을 만들었어요. 이렇게 수백 년이 넘게 계속 이어졌지요. 아이들은 자기 아버지나 어머니의 로켓을 개량하거나 뭔가 조금 바꿨어요. 그러다 보면 마지막에는 베르그로27 A터보 플러스 디럭스가 나오죠. 장거리용으로 엄청나게 빠르고 초현대적이면서도 작은 짐에 특히 적합한 운송용 로켓이요.

여러분은 어떤 동물과 가장 닮았을까요?

로켓 이야기가 진화랑 어떤 관련이 있냐고요? 이게 바로 진화랍니다. 얀 그로스의 후손들은 모두 똑같은 조상에게서 나왔지만 그들이 만든 로켓은 모두 아주 조금씩 달라요. 이 로켓을 DNA랑 비교할 수 있어요. 어떤 로켓 이름이 베르그로라면 베르트 그로스를 조상으로 둔 누군가가 그 로켓을 만들었다는 사실을 알 수 있어요. DNA도 마찬가지랍니다. 여러분은 특정한 DNA 조각을 어떤 조상과 연관지을 수 있어요. 시간이 흐르면서 로켓들은 처음 모델과 점점 더 달라졌지요. DNA도 마찬가지예요. 하지만 우리는 누가 누구의 후손이고 누가 누구와 친척인지 볼 수 있어요.

우리 조상도 똑같은 방식으로 돌아볼 수 있어요. 우리랑 공통의 조상을 가장 많이 갖고 있는 동물은 침팬지와 보노보예요. 조금 더 멀리 거슬러 올라가면 고릴라와 공통의 조상도 있어요. 그다음에는 오랑우탄, 더 멀리 올라가면 긴팔원숭이가 나오죠. 지금까지 말한 건 모두 유인원이에요. 그다음에는 몸집이 좀 더 작은 여우원숭이 같은 원원류 동물이 등장하고 결국 다람쥐나 설치류 같은 완전히 다른 포유류에 이르러요. 그렇게 계속 거슬러 올라갈 수 있답니다.

왜 우리는 조상에 대해서 이토록 아는 게 없을까요?

DNA는 우리가 어떤 동물과 가장 가까운 친척인지 보여 주지만 공통의 조상이 어떻게 생겼는지에 대해서는 말을 해 주지 않아요. 그 조상은 보노보에도 속하지 않고 고릴라에도 속하지 않아요. 이미 오래전에 멸종한 다른 유인원에 속하지요. 그들의 흔적을 찾고 싶다면 화석을 살펴봐야만 해요. 오래전에 나온 뼈와 이를 보면 진화의 역사를 다시금 거슬러 갈 수 있어요.

사람의 뼈는 묘지에 묻혀 있어요. 아주 오랜 옛날, 약 20만 년 전의 뼈를 찾아낼 수도 있죠. 그 이전 시대에서는 초기 인류와 유인원의 뼈가 나왔어요. 더 거슬러 올라간다면 원숭이류의 뼈만 나올 거예요. 더 멀리 거슬러 갈수록 원숭이들은 더 작아져서 결국 다람쥐랑 비슷한 작은 원숭이의 뼈가 되지요. 그다음에는 공룡의 시대에 살았던 쥐랑 비슷한 설치류에 이르게 되고요.

모든 게 딱딱 체계적이고 논리적으로 들리지만 실제로는 혼돈 그 자체랍니다. 문제는 아직 그렇게 많은 화석을 찾아내지 못했다는 거지요. 우리 조상은 밀림에 살면서 대개 맹수에게 잡아먹혔거든요. 여러분이 표범의 입 안에서 잘게 부수어진 다음 그 위장에 도달했다가 결국 다양한 곳에 배설된다면 아름다운 화석 따위는 남지 않을 거예요. 여러분이 잠을 자다가 평화롭게 죽을 가능성도 아주 적지만 설사 그렇다고 해도 축축한 밀림에서는 온갖 크고 작은 시체 청소부한테 처분되죠. 그럼 여러분한테서는 아무것도 남지 않겠지요. 여러분이 습지의 물에서 죽을 때만 아름다운 화석이 될 수 있어요. 아니면 아주 건조한 사막에서 죽자마자 두꺼운 모래층에 덮일 때도 화석이 될 수 있겠죠. 그런 일이 일어날 가능성은 아주 적지만 그런 화석도 있긴 있어요.

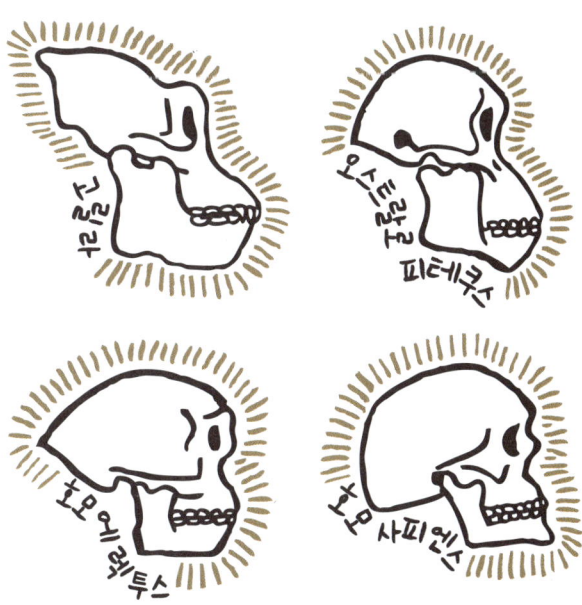

- 11부 -

우리가 루시한테서 나왔을까요?

세상에는 너무나 다양하고 많은 화석이 있어요. 그럼에도 우리는 우리 조상의 화석을 조금밖에 찾지 못했어요. 화석으로 쥐와 비슷한 포유류에서 원숭이를 거쳐 유인원, 그런 다음 인간에 이르기까지 계통도가 분명한 선으로 매끄럽게 이어지질 않아요. 인간을 닮았지만 인간과 기본적으로 다르고 그렇다고 원숭이도 아닌 것의 온갖 다양한 두개골과 뼈를 찾기는 했어요. 그게 우리의 조상이라고 단언할 수는 없지만요. 1973년 과학자들은 320만 년(으로 추정되는)된 여성의 아름다운 화석을 찾았어요. 그들은 이 화석에 루시라는 이름을 붙였어요. 발굴 캠프에서 비틀즈의 노래 '루시 인 더 스카이'를 계속 듣던 참이었거든요. 루시(와 그 뒤에 발견된 동일한 종류의 화석은)는 키가 약 1m 정도였어요. 루시는 늑골이 침팬지와 같았고 지금의 모든 원숭이들처럼 팔과 손가락이 길었어요. 게다가 뇌도 작았지요. 그렇지만…… 루시는 인간처럼 직립 보행을 했답니다!

아마 지금 두 가지 질문이 떠오를 거예요. 첫 번째 질문. 뼈 몇 개만 보고 루시가 직립 보행을 했다는 걸 어떻게 알아요? 두 번째 질문. 직립 보행이 그렇게 중요한가요?

'그러니까 넌 네가 걸을 수 있다고 여기는구나.'라는 생각에서 루시는 한 단계 더 발전했지요.

어떻게 두개골에서 직립 보행을 했다는 사실을 알 수 있을까요?

고생물학자는 반쯤 삭은 작은 뼈를 찾는 데 익숙해요. 자그마한 뼛조각만 찾아도 무척 기뻐하지요. 그런 것에도 여전히 정보가 담겨 있거든요. 뼈의 길이나 두께, 발굴 장소는 과거를 맞추는 퍼즐의 한 부분이죠. 왼손 엄지손가락 한 마디를 찾아내면 오른쪽 엄지손가락이 어떻게 생겼을지도 알 수 있어요. 거울에 비춰 보듯 좌우가 바뀌었을 뿐 똑같겠지요. 몸에 두 개씩 있는 뼈는 모두 그래요. 하나의 뼛조각도 두 겹의 정보를 전해 줘요. 해골의 왼쪽 반만 발견해도 몸 전체가 어떻게 생겼는지 알 수 있어요.

뼈로 알 수 있는 건 더 많아요. 다리가 긴 사람은 기다란 다리뼈가 있을 테고 근육이 많은 사람은 두꺼운 뼈가 필요할 테니까요. 여러분 팔의 뼈가 이쑤시개처럼 가느다란데 빵빵한 근육으로 100kg 역기를 들어 올린다고 상상해 봐요. 여러분 뼈는 당장 뚝 부러지고 말겠죠. 뼈의 구조를 보면 근육이 어디에 얼마나 많이 붙어 있을지 알 수 있어요. 뼈의 형태를 보면 동물이 어떻게 다녔는지, 어떤 자세를 취했는지 알 수 있고요. 심지어 두개골에서도 이런 정보를 이끌어 낼 수 있답니다. 두개골 아래쪽에는 척수와 이어지는 구멍이 있어요. 우리 인간의 경우 이 구멍이 한 가운데 있어요. 직립 보행을 하니까 머리로 균형을 잡을 필요가 없었거든요. 하지만 우리 조상은 네 발로 기어 다녔어요. 우리 조상들은 이 구멍이 뒤쪽에 있는 게 훨씬 나았을 거예요. 루시는 이 구멍이 가운데 있어요. 루시가 직립 보행을 했을 거라는 뜻이죠.

왜 직립 보행이 이토록 중요할까요?

원숭이에서 인간에 이르는 진화 과정에서 직립 보행은 아주 중요해요. 어떤 과학자들은 우리가 계속 네 발로 기어 다녔다면 이렇게 똑똑해지지 못했을 거라고 생각해요. 한번 손으로 땅을 짚은 채 1km를 기어가 봐요! 하지만 몸을 곧추세우고 1km를 걸어가는 거야 아무 문제 없지요. 손으로 땅을 짚고 걷는 게 훨씬 더 힘들고 에너지가 많이 드니까 양분도 많이 필요해요.

한편 뇌가 크면 에너지도 많이 들어요. 루시의 뇌는 크기가 우리 뇌의 3분의 1밖에 되지 않았지만 그래도 전체 에너지의 10%를 소모했어요. 우리 뇌가 필요한 에너지는 심지어 그 두 배에 이르죠. 이에 비해 다른 동물은 에너지를 훨씬 더 적게 소모해요. 사람들은 엄청나게 많은 식량을 찾아야 했는데 그건 무척 힘든 일이었어요. 달릴 줄 안다면 사냥을 훨씬 더 쉽게 할 수 있겠지요. 원숭이도 빨리 달릴 수 있지만 계속 달리지는 못해요. 잠깐 달린 다음 곧 지쳐 버려요. 하지만 우리는 몇 시간 동안 계속 달릴 수 있어요. 사냥을 할 땐 지구력이 필요하지요. 몇 km든 동물의 흔적을 찾아 한동안 쫓아다녀야 하니까요.

왜 오늘날 우리는 루시보다 똑똑할까요?

우리 조상들은 직립 보행을 통해 에너지를 적게 소모했어요. 그래서 몇몇 과학자들의 의견에 따르면 더 많은 음식을 찾아내지 않고도 에너지 잡아먹는 뇌를 '허용'할 수 있었대요. 조상들은 점점 똑똑해져서 창, 칼, 다른 공구 같은 무기와 도구를 만들어 내기 시작했어요. 그걸로 사냥을 더 잘할 수 있었고 잡은 동물의 고기와 내장과 골수까지 다 꺼내 먹을 수 있었어요. 그렇게 더 많은 양분을 얻고 다시 더 큰 뇌를 가질 수 있었죠. 직립 보행과 커다란 뇌가 서로를 북돋아 준 셈이에요. 살아남기 어려운 시대에 더 똑똑한 사람들은 충분한 식량을 찾고 후손을 남길 기회가 더 많았어요. 이렇게 해서 우리 조상들은 무척 짧은 시간 동안 더 똑똑한 존재로 발전했답니다.

- 11부 -

유인원이 우리만큼 똑똑해질 수 있을까요?

드리오피테쿠스 · 오스트랄로피테쿠스 · 호모 에렉투스 · 호모 네안데르탈렌시스 · 호모 사피엔스

유인원도 돌이나 나뭇가지 같은 도구를 사용하지만 직접 만든 게 아닌 원래 있던 도구예요. 유인원은 초기 인류가 했듯 주위에 있는 물체로 손도끼를 만들 순 없지요. 지구에서 가장 똑똑한 유인원은 '칸지'라는 이름의 보노보예요. 칸지는 렉시그램이라는 그림 문자로 사람과 대화도 할 수 있답니다. 사람과 이야기할 땐 어떤 의미가 있는 여러 가지 그림을 가리켜요. '공', '놀다', '칸지'라는 단추를 누르면 공놀이를 하고 싶다는 뜻이지요. 질문을 던지면 대답도 해요. 칸지는 수백 개의 단어를 알고 많은 걸 이해해요. 수수께끼를 푸는가 하면 심지어 컴퓨터 게임도 할 줄 안대요. 팩맨 게임(1980년에 출시된 컴퓨터 게임*)에선 나보다 낫다니까요!

하지만 스스로 도구를 만들어 낼 수 있었을까요? 아마 그러기 힘들 거예요. 누가 돌로 손도끼를 어떻게 만드는지 앞에서 보여 준다고 해도요. 돌의 모서리를 뾰족하게 만들려면 어떻게 다른 돌에 부딪쳐야 하는지, 우리가 고민할 때 쓰는 바로 그 부분이 보노보의 뇌에는 빠져 있거든요. 아마 루시도 그런 건 하지 못했을 거예요. 그래도 우리는 약 290만 년 전 돌 도구 석기를 만들어 냈어요. 루시가 320만 년 됐으니까 그 차이는 그리 크지 않죠.

사람들은 어떤 화석을 찾아냈을까요?

물론 루시가 인간의 특성을 지닌 유일한 화석은 아니에요. 가장 오래된 것은 차드(중앙아프리카에 있는 나라*)의 사막에서 나왔어요. 사헬란트로푸스 차덴시스. 그의 두개골은 원숭이보다 크고 인간의 두개골과 더 많이 닮았어요. 600만 년이나 700만 년쯤 됐을 거예요. 이들이 우리 조상 가운데 하나일까요?

아프리카 케냐에서는 '일하는, 또는 도구를 사용하는' 인간 호모 에르가스터의 150만 년 된 화석도 찾았어요. 이 화석은 키가 약 180cm예요. 사람처럼 다리는 길고 팔과 손가락, 발가락은 짧았어요. 뇌는 지금 우리 뇌 크기의 3분의 2에 다다랐지요. 그들은 도구를 만들어 썼어요. 그들이 우리의 조상일까요?

그밖에도 직립 보행하는 인간, 호모 에렉투스의 화석도 많이 나왔어요. 가장 오래된 표본의 뇌는 호모 에르가스터의 뇌와 크기가 같았지만 점점 더 커졌지요. 그래도 현생 인류만큼 커지지는 않았어요. 그들도 키가 180cm쯤 됐고, 아주 잘 달리고 도구를 만들었어요. 그들이 우리의 조상일까요?

마침내 지금의 인간과 아주 닮은, 인간과 비슷한 종의 화석도 찾았어요. 초기 호모 사피엔스와 유럽에서 나온 호모 네안데르탈렌시스(네안데르탈인)였어요. 네안데르탈인은 우리보다 조금 작았지만 근육질이었고(그때 올림픽이 열렸으면 많은 종목에서 금메달을 땄을 거예요.) 똑똑했어요. 그들의 뇌는 우리랑 크기가 비슷했죠. 그들이 우리 조상일까요?

화석이 많은데 우리는 왜 여전히 조금밖에 알지 못할까요?

얀 그로스 가족의 로켓으로 되돌아가 볼까요? 우리는 아무 어려움 없이 가계도를 그릴 수 있어요.

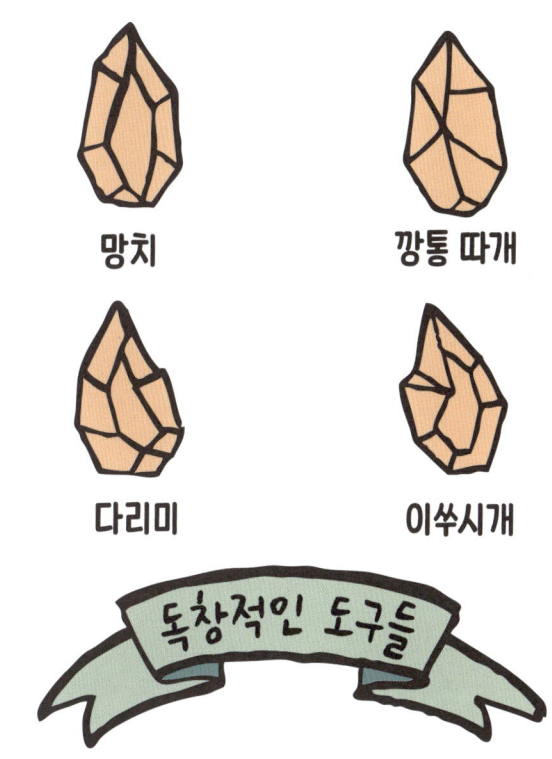

망치   깡통 따개

다리미   이쑤시개

독창적인 도구들

얀 그로스에서 시작한 가지는 얀 그로스 주니어로 넘어가요. 거기에 곁가지인 마이케 그로스와 베르트 그로스가 덧붙여지죠. 가지가 갈라지며 전체 가계도가 완성되어 가요. 맨 처음 얀 그로스에게서 나온 건 맞지만 다 마이케 그로스에게서 갈라져 나온 것은 아니랍니다. '베르그로'라는 모델명의 로켓은 분명 마이케가 아니라 베르트에게서 나왔으니까요.

우리 인간의 가계도는 조금 더 복잡해요. 화석에는 '베르그로'나 '얀 그로'라고 적힌 스티커가 붙어 있는 게 아니거든요. 우리는 우리가 인간과 비슷한 이 모든 화석의 먼 친척이라는 사실을 알고 있어요. 그렇지만 이 화석들이 우리에게 곧장 이어지는 선 위에 있을까요? 우리는 그걸 알지 못해요. 게다가 화석 하나하나에 대해서도 결코 아주 확실하게 말할 수는 없어요. 먼 훗날 사람들이 발가락이 두 개인 바도마족 사람이나 에콰도르 작은 사람의 화석을 발견한다고 쳐 봐요. 그들도 분명 평범한 인간이지만 사람들은 이걸 아주 다른 종으로 여길 수도 있어요. 심지어 유일한 인간 종으로 여길 수도 있지요.

- 11부 -

과학자들이 이브를 발견했을까요?

인류의 과거에는 여전히 커다란 물음표가 남아 있어요. 하지만 우리가 아는 것만 가지고도 재미있게 얘기할 수 있어요. 현생 인류의 가장 오래된 화석은 18만 년 됐어요. 호모 에렉투스는 200만 년에서 3만 년 사이에 살았고 네안데르탈인은 18만 년에서 3만 년 사이 어디쯤 살았죠. 이 둘과 호모 사피엔스는 지구에서 수백 년 동안 동시에 살았답니다! 우리는 정말 그들 모두의 후손일까요? 충분히 그럴 수 있어요. 인간은 먹장어에서 나왔는데 먹장어는 여전히 살아 있잖아요. 그리고 우리 조상에 속하는 종이 모두 멸종한 건 아니에요.

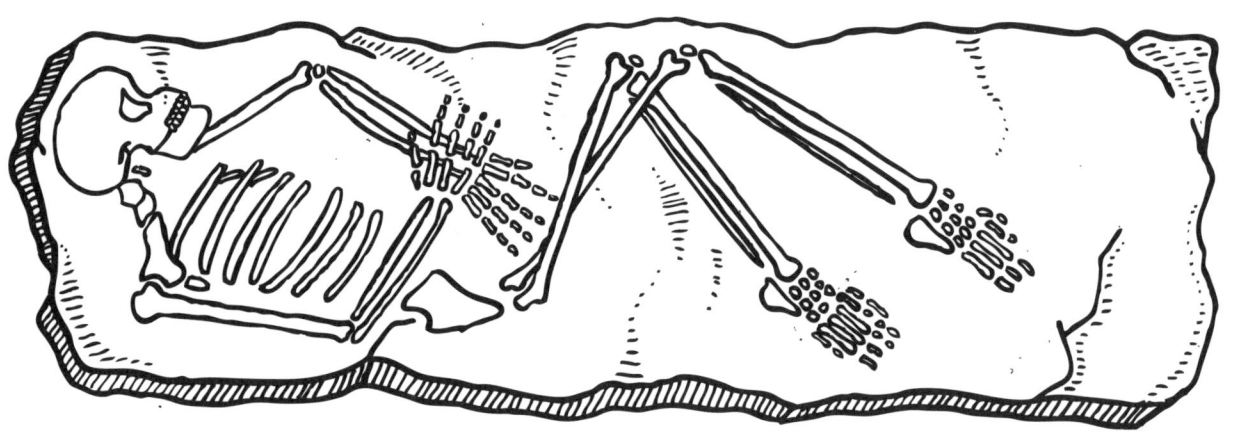

여러분한테는 네안데르탈인의 피가 흐를까요?

우리는 100만 년에서 150만 년 전의 화석이 호모 에렉투스의 화석이라는 사실을 알고 있어요. 어쩌면 그게 그 시절 유일하게 '인간을 닮은 종족'이었을 거예요. 기후가 몹시 불안정한 어려운 시대였거든요. 그 종족은 어찌나 적은지 하마터면 멸종할 뻔 했어요. 그렇다면 우리는 아예 존재하지 않았겠지요. 우리는 아프리카의 호모 에렉투스 무리에서 나왔을 가능성이 높아요. 거기서 호모 사피엔스도 발전해 나왔지요. 또 우리는 나중에 호모 사피엔스와 네안데르탈인이 한동안 유럽의 같은 지역에 살았고 심지어 아이도 함께 낳았다는 사실도 알고 있어요. 우리는 네안데르탈인에게서 나오지는 않았지만 그들의 특징 몇 가지는 물려받았어요.

고생물학자의 작업은 아직 갈 길이 멀어요. 해마다 과거에 대해 더 많은 정보를 제공하는 새로운 퍼즐 조각이 나오거든요. 몇 년 전 과학자들은 인도네시아의 섬 플로레스에서 인류, 그것도 분명 꽤 짧은 시간 전에 살았던 인류의 화석을 또 발견했어요. 이 초기 인류는 1만 2000년 전에야 비로소 멸종됐지만 우리보다는 네안데르탈인이랑 더 닮았어요. 그들은 우리보다 키가 훨씬 더 작고 뇌도 작았어요. 하지만 분명 유인원보다 더 똑똑했을 거예요. 그들의 뇌는 크기만 빼면 우리 뇌처럼 생겼거든요. 그리고 앞으로 어떤 게 더 발견될지 아무도 모르죠. 그렇지만 어떤 뼈를 찾아내든 그게 우리의 유래에 대한 절대적인 증거는 될 수 없을 거예요.

이브가 있었을까요?

다행히 우리에겐 DNA가 있어요. DNA는 언제나 새로운 것을 알려 주지요. 지난 몇 년 동안 미국 버클리 대학의 과학자들은 아주 광범위한 연구를 했어요. 지구 위 인간 수백 명의 DNA를 서로 비교한 거예요. 과연 어떤 차이가 있었을까요? DNA는 무엇을 말해 주었을까요?

과학자들의 결론은 아주 놀라워요. 키가 크고 피부색이 짙은 아프리카인부터 캐나다 극지방에 사는 다부진 백인까지 모든 인간의 DNA는 경이로울 정도로 일치한다는 거예요. 모두 먼 친척 사이인 거죠. 이른바 '미토콘드리아 이브' 연구예요. 이 연구는 어머니를 통해서만 전해지는 세포의 미토콘드리아 DNA를 분석해 인류의 공통 조상이 약 20만 년 전에 동아프리카 사바나 지역에 살던 한 여인이라는 것을 밝혀냈어요.

과학자들은 그런 생각도 했죠. 'DNA 차이가 이렇게 적다면 모든 인간이 20만 년 전 아프리카에 살았던 한 여인에게서 나오지 않았을까?' 그러니까 이브가 정말 있었을까요? 그렇기도 하고 아니기도 해요. 진짜 이름이 '이브'였을 가능성은 거의 없지만 과학자들은 당장 그 여인에게 이브라는 이름을 붙였거든요. 성경에 나오는 이브와 달리 20만 년 전 이브는 지구에 딱 하나뿐인 여자가 아니었어요. 미토콘드리아 DNA는 어머니를 통해서만 전해지기에 이브 역시 부모가 있는 어느 평범한 딸이었지요.

우리 손자, 증손자, 고손자…… 후손들은 어떻게 생겼을까요?

우리는 과거에 대해서 조금은 알고 있어요. 그렇다면 미래는 어떨까요? 수천 년 후의 인간이 어떻게 생겼을지 미리 말할 수 있을까요? 지금까지 우리 뇌는 계속 더 커지고 더 나아졌어요. 그럼 우리 손자, 증손자, 고손자…… 이 후손들은 우리보다 더 똑똑할까요? 그건 확실하지 않아요. '이브'의 시대에는 다른 사람보다 똑똑하다는 게 큰 장점이었어요. 그리 똑똑하지 않은 사람들은 살아남지 못했지요. 지금은 덜 똑똑한 사람들도 살아남아요. 교수나 은행장이 못 돼도 굶어 죽지는 않아요.

심지어 우리는 다양한 방식으로 뇌를 적게 쓰고 있어요. 계산은 계산기한테 맡기고 길은 내비게이션으로 찾지요. 몇 년 지나면 컴퓨터가 어떤 문장이든 즉시 번역해 줄 테니까 외국어를 배울 필요도 없을 거예요. 어쩌면 먼 미래 우리 후손들은 더 멍청해질지도 모르죠.

- 11부 -

외계 생명체가 있을까요? 그렇다면 어떻게 생겼을까요?

이 책에서는 주로 지구의 생명체만 다루었어요. 이번에는 지구를 넘어서 시선을 더 멀리 돌려 봅시다. 다른 행성은 어떨까요? 다른 행성에도 생물이 있을까요? 만약 생물이 있다면 어떻게 생겼을까요? 우주에 은하계는 셀 수 없이 많고 은하계마다 항성은 셀 수 없이 많아요. 게다가 그 항성마다 주위를 도는 행성들이 있어요. 그러니까 외계 생명체가 있는지 없는지는 질문 축에도 끼지 않아요. 흥미로운 질문은 우리한테 그 먼 '이웃'이 어떻게 생겼을까 하는 거지요. 생물학자들은 할 말이 아주 많을걸요!

우리 태양계 안에 있을 법한 이웃에 대해서 우리는 이미 꽤 많은 것을 알아요. 화성에는 박테리아와 비슷한 생물만 살거나 살았을 수 있어요. 목성 주위를 도는 위성 유로파에는 상상할 수 있는 게 훨씬 더 많지요. 이 위성은 두꺼운 얼음으로 덮여 있어요. 이 얼음 아래 핵이 일으키는 화산 작용에 의해 데워지는 바다가 있다고 해 봐요. 그럼 거기엔 포식 동물과 피식 동물, 박테리아와 식물로 이루어진, 제대로 된 먹이 사슬까지 존재할 수 있어요. 그럴 경우 이 위성에도 당연히 우세한 포식 동물이 있겠지요. 지구에 있는 백상아리 같은 거요. 어쨌든 유로파에 있는 상어는 아주 작을 거예요. 유로파 자체가 그리 크지 않으니까요. 기껏해야 보리새우만 하겠지요.

우주에서 온 존재는 왜 육식성일까요?

외계 생명체는 아마 지렁이랑 비슷하게 보일 거예요. 지렁이 모양은 수십억 년 동안 지구에서 매우 성공적이었어요. 그러니까 그노르크3, 주르트, 릭스피트 어쩌구 같은, 지금까지 알려지지 않은 행성에서도 이들이 나타날 수 있어요. 거기 빛이 있다면 그 생명체한테 눈이 있을 가능성도 없지 않아요. 입체적으로 보고 거리를 측정하려면 눈이 적어도 두 개는 있어야 하죠. 개미나 벌처럼 무리를 짓거나 국가를 만들어서 함께 일하는 생명체도 있을 수 있어요.

우리가 외계인을 발견하는 것보다 더 빨리 그들이 우리를 발견한다면 그들은 포식 동물일 확률이 높아요. 대체로 포식자가 피식자보다 더 똑똑하거든요. 그럴 수밖에 없어요. 사슴이나 영양이 브로콜리보다 도주 전략이 더 많은 것과 마찬가지죠. 포식자는 살아남기 위해서 더 똑똑해져야 해요.

외계 생명체는 1만 살까지 나이를 먹을까요?

외계 생명체는 투명한 핏줄에 황산이나 절절 끓는 청산가리가 흐르는 기이한 존재일 수도 있어요. 우리 행성에서는 유독 물질인 것이 조금 떨어진 곳에서는 살아남는 데 필수적인 조건일 수도 있지요. 심지어 단세포 생물의 크기가 커다란 고래만 할 수도 있고요. 몹시 추운 행성에서는 화학적 반응이 아주 천천히 일어나는데 그런 곳에 사는 존재들은 좀 더 오래 살 수 있어요.

그렇지만 지구에 있는 존재처럼 눈과 기관과 팔다리나 털이 있는 생명체를 발견할 확률이 높아요. (아, 이건 내 생각이고 반대로 생각하는 진화학자들이 많답니다.)

지구 같은 행성을 새로 만들어 낸다면 그 위에는 아마 지금 우리 행성에 사는 것과 똑같은 존재가 살게 될 거예요. 어쩌면 아주 멀리 얀 그로스처럼 보이는 사람이 살겠지요. 어쩌면 여러분이랑 똑같아 보이는 사람도……

- 11부 -

마지막으로 이것만……

진화는 민감한 주제예요. 신을 굳게 믿는 사람들이 과학자들이랑 누가 옳은지 토론할 때면 종종 피가 터질 지경이랍니다. 여러분은 내가 언제나 과학자의 편에 서 있다고 생각할 테지만 결코 그렇지 않아요. 나는 분명 지구가 엿새 만에 만들어지고 우주가 몇천 살 먹었다고 믿지 않아요. 그래도 우리 주위의 모든 것이 아무것도 없는 데서 그냥 생겨났다는 것도 터무니없어 보여요. 그렇다면 신이 있을까요? 모르겠어요. 나보다 훨씬 더 똑똑하지만 신을 믿는 과학자들도 있어요. 진화와 신을 동시에 믿을 수도 있지요. 나보다 훨씬 더 똑똑하지만 신을 믿지 않는 과학자들도 있어요. 어쨌든 딱 하나는 확실해요. 신이 있는지 없는지 묻는 질문에 대답하기에는 내가 너무 멍청하다는 거예요. 사실 난 누구나 그렇다고 생각해요.

곰곰이 생각해 봐요. 신이 없다면 우리 주위에 있는 모든 것은 어디에서 왔을까요? 그게 어떻게 그렇게 되어 갔을까요? 그리고 신이 있다면…… 신은 어디에서 왔을까요?

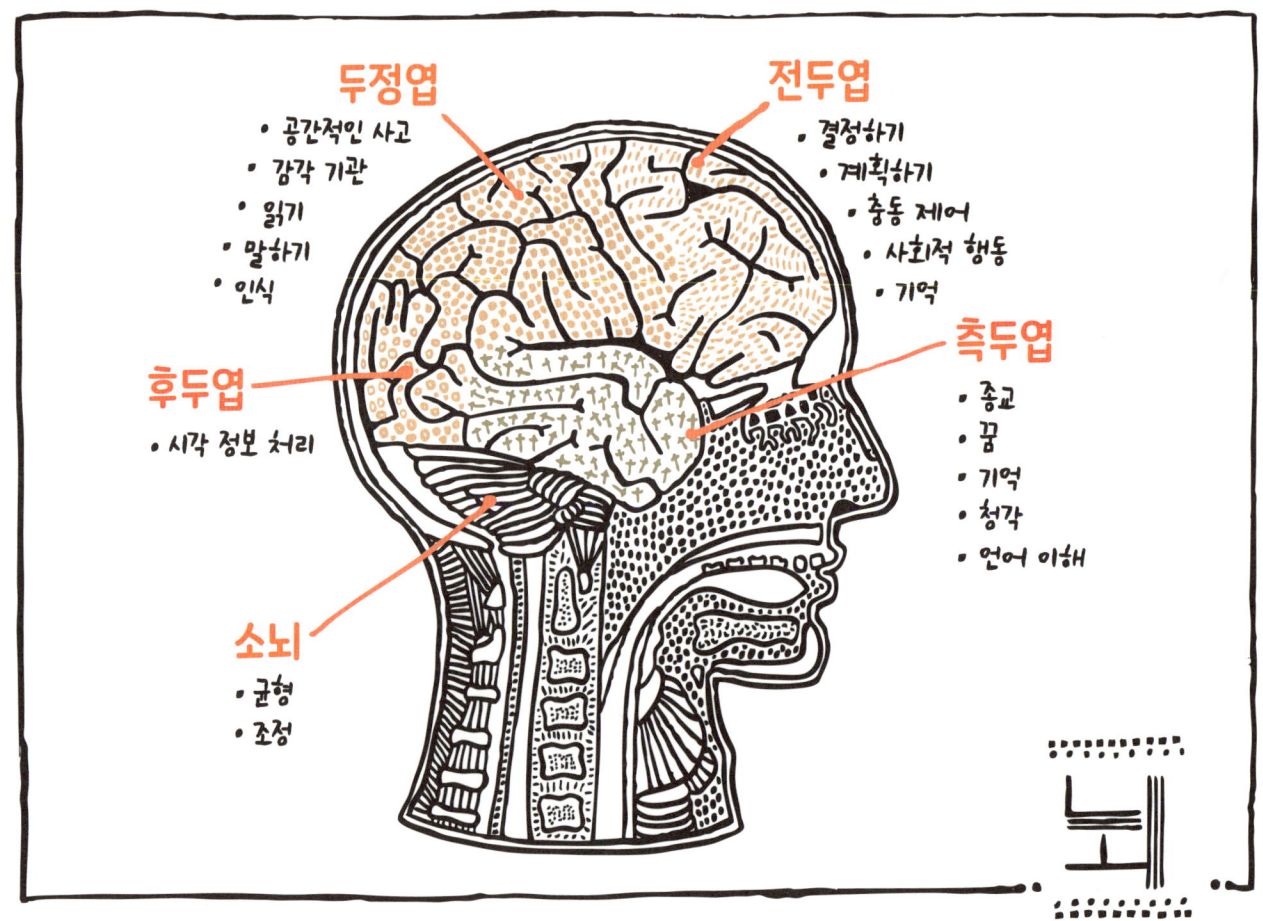

누가 신을 믿는지 뇌에서 알아볼 수 있을까요?

나는 종교적으로 자랐어요. 그 믿음의 작은 일부분은 여전히 나한테 남아 있어요. 머리로는 신을 믿지 않지만 가슴 속 깊은 곳에선 여전히 믿는다고 말할 수 있지요. 비록…… 어떤 교수님은 믿음은 뇌 속에 있고 어떤 사람의 뇌를 보면 그가 신을 믿는지 안 믿는지 알아볼 수 있다고 했지만요. 누군가 신을 믿을 땐 뇌 속의 특정한 부분, 측두엽이 활발하게 작동한대요. 이 측두엽을 전기로 자극하면 오랫동안 신을 믿지 않던 사람도 다시 신실해진다는 거예요. 기독교도들은 예수나 신을 보고 이슬람교도들은 마호메트나 알라를 보고 불교도들은 부처를 보게 된대요. 나는 분명 측두엽이 잘 발달했을 거예요.

진화를 의심할 생각은 꿈에도 없지만 나는 이 책을 쓰기 위해 자료 조사를 하면서 과학자들이 주장하는 게 정말 다 맞는지 종종 물어봤어요. 때때로 과학 이론을 의심하게 만드는 논문도 읽었지요. 이런 논문은 언제나 창조론자의 입장에서 나온 것이었어요. 신이 말 그대로 세상을 만들었다고 믿는 사람들이요. 특이하게도 그들은 논문을 쓸 때 별로 오류를 범하지 않았어요. 논문에 적혀 있는 내용은 거의 다 맞았지요.

한 가지 문제가 있다면 그들이 폭탄먼지벌레에 관한 장에서처럼 모든 정보를 다 내놓지는 않는다는 거예요. 나는 폭탄먼지벌레랑 똑같은 '폭발적인' 물질을 등에 지고 다니는 딱정벌레가 수백 종에 이른다는 사실을 어떤 창조론자의 논문에서도 읽지 못했어요. 오직 진화를 의심하게 만드는 내용만 읽었지요. 이렇듯 진실을 반만 보여 주면 완전히 거짓말이 되어 버려요.

과학자들이 자신이 알아낸 걸 숨길까요?

어떤 창조론자들은 과학자들이 정보를 숨기고 왜곡한다고 거세게 비난하지요. 하지만 나는 자료 조사를 하는 동안 그런 경우는 어디서도 보지 못했어요. 더 분명하게 말하자면 나는 신앙이 없는 과학자들도 신을 믿고 싶어 한다고 생각해요. 여러분이 죽은 다음 천국에서 영원히 산다고 상상을 해 봐요. 그럼 얼마나 좋겠어요. 또 여러분이 과학자인데 지구가 태양 둘레를 돈다는 사실을 증명하듯 신이 존재하는 걸 증명할 수 있다고 상상해 봐요. 그럼 여러분은 노벨상을 타고 영원한 명성을 얻을 거예요! 그렇지만 이런 증거는 아직 발견되지 않았고 아마 앞으로도 발견되지 않을 거예요.

이런 정보로 뭘 해야 하냐고요? 아무것도 안 해도 괜찮아요. 신이 있는지 골똘히 생각하다 보면 여러분은 더 많은 정보를 찾게 될 거예요. 신자의 입장에서도 그렇지만 과학자의 입장에서도요. 그런 다음 무엇을 믿을지는 스스로 결정해요. 그냥 모른다고 해도 좋아요. 어쩌면 인간은 진화를 통해 점점 더 현명해질지도 몰라요. 우리 뇌가 마침내 신이 있는지 없는지 알아낼 정도로 발전할지도 모르지요!

감수의 말

지구는 태양을 돌고…… 모든 생명은 진화한다

지구의 문명이 모조리 파괴되었을 때, 후세를 위해서 딱 한 마디만 남길 수 있다면 무슨 말을 남기겠냐는 질문에 어떻게 답하겠는가? 물리학자 리처드 파인만은 "모든 것은 원자로 이루어져 있다!"라는 문장을 남기겠다고 했다. 물질의 근본에 대한 오랜 고민의 과정을 다시 반복하지 않겠다는 뜻이다. 원자에 대한 개념이 있으면 문명을 금방 다시 세울 수 있다는 점에서 파인만의 대답은 아주 현명하다.

문명을 다시 일으키는 것만큼이나 지구 문명이 또다시 모조리 파괴되지 않도록 인류 자신에 대한 성찰의 실마리도 남겨 둘 필요가 있지 않을까? 그런 점에서 나는 최소한 두 문장은 더 필요하다고 본다. "지구는 태양을 돈다"와 "모든 생명은 진화한다"가 바로 그것이다. 우리가 살고 있는 지구가 우주의 중심은커녕 태양계 변방의 작은 행성에 불과하며, 인류가 숱한 생명 가운데 하나임을 깨우침으로써 겸손함을 얻는 출발점이다.

이제 지구의 지위에 대해서는 그 어떤 의문도 남아 있지 않다. 과학을 넘어 상식이 되었다. 그 어떤 종교도 이 사실을 부인하지 않는다. 하지만 진화는 다르다. 아직도 여전히 진화를 이해하지 못한 사람들이 많고, 진화를 적극적으로 부인하도록 강요하는 종교가 있다. 심지어 진화를 흔쾌히 받아들이지 못하는 과학자와 공학자들도 제법 있다.

왜 지구의 지위와 달리 인류의 지위에 대해서는 여전히 집착이 있는 것일까? 과학과 공학의 언어, 즉 수학적으로 풀리지 않는 부분이 많기 때문이다. 진화는 스토리로 이루어진 역사 과학이다. 스토리와 스토리 사이에 연결고리가 약하게 느껴지는 부분이 있다. 더 큰 문제는 제대로 배워 본 적이 없다는 것이다. 실제로 나는 대한민국에서 대학원을 졸업할 때까지 단 한 번도 진화를 진지하게 배워 본 적이 없다. 그렇다 보니 진화를 받아들이는 사람들조차도 진화에 대한 많은 오해를 하고 있다.

이런 현실에서 《진화 – 살아 있는 모든 것들의 수수께끼》의 출간은 매우 반가운 일이다. 과학자가 쓴 책이 아니다. 과학을 사랑하는 네덜란드인 저자가 많은 과학 책을 읽으면서 자기의 지식을 확장하고 시각을 바꾸고 체계화한 결과물이다. 독일과 미국을 비롯한 많은 나라에서 출간하면서 사소한 오류가 수정되고 더 체계적으로 발전하였다. 그리고 우리나라에서 출간되면서 다시 한번 다듬어졌다.

이 책의 가장 큰 장점은 재미있다는 것이다. 내가 몇 년 전에 《공생 멸종 진화》라는 책을 쓸 때 참고한 책과 이 책의 저자가 참고한 책은 거의 같다. 그런데 저자는 나와는 전혀 다른 결과물을 만들었다. 사실을 던지는 데 그치지 않고 생명에 관한 사실과 역사가 씨줄과 날줄로 엮이면서 작은 이야기를 만들고 이 이야기 구슬을 다시 꿰어 진화라고 하는 아름다운 보석을 탄생시켰다. 책을 읽는 내내 질투심을 느꼈다.

짚신벌레부터 외계인에 이르는 두 쪽짜리 짧은 이야기를 읽다 보면 어느덧 '진화'라고 하는 쉽지 않은 키워드에 익숙해진다. 즐겁게 읽고 가족과 친구들에게 자신의 입말로 다시 풀어 보시라. 이게 독서의 완성이다. 지구 문명이 모조리 파괴된다 해도 우리는 새로운 문명을 다시 쉽게 건설할 수 있을 것이다. 하지만 문명 파괴라는 실수를 반복할 것인가의 여부는 우리 인류가 얼마나 겸손하냐에 달려 있다. 이 책의 독자가 많을수록 우리의 희망은 커진다.

이정모(국립과천과학관장)

찾아보기

ㄱ

가스(층) 35-36, 70, 73, 82-83, 85, 87, 98
간디스토마 136-137
갈라파고스 군도 41, 43-44
개구리 110, 113, 121, 123, 131
개미 62-66, 137, 155
고세균 83, 88
고래 88-89, 120, 155
고릴라 119, 147
고생물학자 28, 111, 149, 152
곤충 37, 43, 55, 99-100, 121, 134, 142
곰벌레 130-131
공룡 79, 85, 90, 123-125, 147
공작새 54-55, 57, 59
광대사마귀새우 97
교황 비오 12세 137
구쿠마츠 23
극지방 19, 109, 111, 153
기후 51
긴팔원숭이 147
꼬리박각시 121

ㄴ

나우틸로이드 98, 100
뇌 17, 22-23, 78, 89-90, 92-93, 115-116, 124-125, 137-139, 142-143, 148-153, 156-157
뉴턴, 아이작 27, 47
늑대인간 132

ㄷ

다세포 생물(동물) 37, 89, 131
다윈, 찰스 40-41, 43, 45-47, 50, 55, 58, 63, 130, 135, 140
단백질 73, 75, 78-79, 89, 117
단세포 생물(동물) 37, 86-89, 93, 114, 155
달걀 29, 73, 75, 83, 106
대륙 108-109
대장균 134
대주교 어셔 26-27
도마뱀 123, 134, 138
디플로도쿠스 123
딱정벌레 140-141, 157
딸꾹질 137-138

ㄹ

레트로바이러스 119-120
로봇 14-15, 17, 71
루시 148-151
리보솜 78-79

ㅁ

마야 사람 23
매머드 109
먹장어 100-101, 152
메가로돈 101
멸종 28, 41, 51, 57, 59, 64, 87-88, 99, 101, 107, 123-125, 141, 147, 152
모르가누코돈 122-123, 131
물고기 20-21, 101, 104-105, 109-111, 113-116, 120-122, 133, 137-138
미토콘드리아 78-79
밀러, 스탠리 73

ㅂ

바도마족 132-133, 151
박테리아 11, 14, 18-20, 37, 40, 73, 79, 83-85, 88, 93, 118, 134-135, 154
반감기 29
배아 117
백악기 29, 107-108
번식 71, 85-86, 93, 133-135, 137
벌 63-66, 155
변온 동물 123
보노보 118, 147, 150
보리새우 97, 154

ㅂ

북극 45, 109, 111
분자 15, 35, 70-76, 78-79, 82
빅뱅 31, 34-35
빙하기 59, 109

ㅅ

사마귀 121
사헬란트로푸스 차덴시스 151
산소 17, 36, 85, 87-89, 104, 137
산토끼 59
삼나무 53
삼엽충 99-100, 104, 107
상어 101, 107, 112-113, 121, 137-138, 154
새(조류) 41, 43-44, 55-56, 63, 88, 93, 101, 113, 115, 121, 123-124, 136-137, 141
샤르페, 헨릭 14-15, 17
석탄기 28-29, 107
성 선택(자웅 선택) 58-59
성경 26, 40, 128-129, 141, 153
세포 16-17, 22-23, 37, 47, 65-66, 72-75, 78-79, 83, 86-90, 92-93, 114-117, 119, 142
섹스 14, 94
소금 결정 77
소리 31
슈빈, 닐 110-111
스트래토스피어 자이언트 53
스트로마톨라이트 87
스프리기나 96-97
시트르산염 134-135
신 23, 26, 40, 114-115, 128-129, 136, 141, 143, 156-157
신경(신경 세포) 138-139, 142-143
심장 17, 22-23, 89-90, 113, 115

ㅇ

아가미 104-105, 113, 115, 138

아노말로카리스 96-97, 100
아담과 이브 23, 141, 152-153
아미노산 72-73, 75, 78-79, 82, 117
아칸토스테가 110, 113, 131
알 21, 55, 63, 117, 123-124, 137
암모나이트 98-99, 109
암모니아 36, 73
암석층 28-29, 91, 106-111
야자수 109
양 120, 137
양서류 37, 105-106, 110-111, 113, 115, 123, 130-131, 137-138
에스테메노수쿠스 122-123
여우원숭이 147
오랑우탄 147
오리너구리 123
오즈번, 찰스 137
오파비니아 96-97
외계 생명체 154-155
요소 72, 79, 117
용암 84, 110
우라늄 238 29
우주 10, 15, 19, 26-27, 29-31, 34-36, 79, 129, 143, 154-156
운석 36-37, 59, 72, 79, 125
원자 15-16, 18, 29, 35
월리스, 앨프리드 러셀 46
위악시아 96-97
유대목 124
유인원 119, 147-148, 150, 152
유전자 62, 64-66, 74, 78, 88, 94, 100, 117, 132
육상 동물 37, 123-125
은하계 17, 31, 154
인도히우스 120

ㅈ

자연 21, 23, 51, 55, 57-58, 94, 132-133, 136-138
적자생존 52, 58-59
절지동물 99, 101
정온 동물 123
정자 22
조개껍데기 27, 41, 90, 98
중간 형태 124, 133, 138, 141

쥐라기 28-29, 107-108
지각 27, 83-84, 109
지방산 79
지질학 28-29, 41
직립 보행 148-149, 151
진화론 40, 45-47, 50-51, 128-131, 143
질소 36
집토끼 59
짚신벌레 14-19, 21, 37, 71, 117

ㅊ

창조 23, 128-129
천문학자 30-31
청소부 물고기 121
초롱아귀 20
침팬지 118-119, 122, 147-148
칭기즈칸 132

ㅋ

칸지 150
캥거루 113, 124
켄타우루스자리 11, 31
코알라 124
콜라겐 89
큰뿔사슴 57
킴베렐라 96-97, 100

ㅌ

타조 124, 132
타조인간 132
태양 31, 35-36, 55, 75, 86-87
태양계 154
테페우 23
토끼 14-15, 51, 53, 59, 93, 97, 122
트리낙소돈 123
티라노사우루스 렉스 79, 113, 122-123
틱타알릭 104, 111-113, 123, 131

ㅍ

파이로랍토르 122-123
파충류 37, 55, 88, 101, 109, 113, 115, 123-125, 130-131
판데리크티스 110
펭귄 124

편모 19, 37, 79, 83, 87
폐 105, 113, 137-139
폐어 104-105, 137
포도당 134-135
폭탄먼지벌레 140-141, 143, 157
프랑켄슈타인 70
프타(프타신) 23
플로레스 152
플루토늄 29
피낭동물 100
피식자 155
핀치 40-41, 43-45

ㅎ

할루키게니아 96-97
항성(별) 15, 28, 31, 34-35, 154
해면 89-90, 92
해면동물 37, 89
해삼류 96-97
해파리 37, 43, 51, 91-93, 97, 107, 118, 142
행성 15, 18-19, 21, 31, 34-35, 37, 70, 72, 79, 87, 93, 131, 154-155
허블, 에드윈 30
허턴, 제임스 27-28
헤렐, 안토니 134
호모 네안데르탈렌시스(네안데르탈인) 150-152
호모 에렉투스 150-152
호모 에르가스터 151
화산 19, 59, 83, 91, 125, 154
화산재 83, 91, 125
화석 28-29, 41, 87, 90-92, 97, 99, 105-111, 118, 122, 129, 131, 133, 147-148, 151-152
힐로노무스 122-123